ヒトラーの遺言

1945年
2月4日—4月2日

マルティン・ボルマン……[記録者]
Martin Bormann
篠原正瑛……[訳・解説]

原書房

Hitlers Politisches Testament
Die Bormann Diktate vom Februar und April 1945

緒　言

フランソワ・ジュヌー

“Bormann Vermerke”という名で知られている記録は、一九五二年から五三年にかけてさまざまな国で公表された。——フランス語版は二巻ものの大冊本から成っていて、“Libres Propos sur la Guerra et la Paix”（「戦争と平和に関する覚え書」）（フラマリオン書店）の題名で刊行された。この記録の内容は、アドルフ・ヒトラーが一九四一年七月五日から四四年一二月三〇日までの期間に、マルティン・ボルマンの補佐官に口述筆記させたものに、ボルマン自身が校訂、注、分類をほどこした覚え書きである。この覚え書きの記録は、一九四二年九月七日までは、いわば日課のようにつづけられていた。しかし、その後回数はしだいに減るとともに、その間隔もだんだん長くなっていった。ボルマンがこの覚え書きをことのほか重要なものと認め、「未来の世代にとってきわめて興味ぶかい」ものと考えていたことはよく知られている。

〔ここでフランソワ・ジュヌー氏が“Bormann Vermerke”といっている覚え書きのドイツ語版、つまり原本は“Adorf Hitler, Monologe im Führerhauptquartier 1941—1944. Die Aufzeichnungen Heinrich Heims, herausgegeben von Werner Jochmann”(「一九四一年から一九四四年までの総統大本営におけるアドルフ・ヒトラーのモノローグ。ハイリヒ・ハイムの記録。ウェルナー・ヨッホマン編纂」)の表題で一九八一年、ハンブルクのアルブレヒト・クナウス出版社から刊行された。ハインリヒ・ハイムはボルマンの補佐官であった。篠原〕

以下本文として訳出〔英・仏訳〕された記録は戦後に発見されたもので、前出の“Bormann Vermerke”の一部をなしている。この記録が扱っている期間は短いが、触れられている内容は格別に興味ぶかい。それにつけても、一八章だけの覚え書きで終わっているのが惜しまれる。(そのうちの一七章は、一九四五年二月四日から二月二六日までのあいだ、ある程度規則的に書きとめられているが、一八番目の章は、一九四五年四月二日付の一日だけで終わっている。)

しかしながらこれらの記録は、すべて直接ボルマン自身の手で書かれているところに大きな特徴がある。これまでは、直接彼自身で書くことがあっても、それはきわめて稀なことであった。あまり広くない総統官邸の地下壕での生活には、わざわざ記録係の補佐官をおくほどのゆとりがなかったという事情もあったろう。しかしその反面、記録の中味をみてみると、総統は、相当に特権的な身分をあたえられた党幹部、もしくはボルマン自身を前にしたときにのみ、はじめて口を開いたのではなかろうかと思われる内容のものがいかにも多い。この事実は、なぜボルマン一人だけがこれらの最後の記録を独占的に担当することになったのかという理由を説明してくれることにもなろう。

ここで忘れてはならないのは、それから数週間後にヒトラーは、彼を党の後継指導者に指名するとともに、自分の遺言書の執行人に任命していることである。それゆえ、ボルマンはみずからのこの指導的な立場を利用して、もろもろのできごと、最後の数週間における世界情勢、ひいてはドイツの将来にまでわたる総統の最後の思想を、後世のために記録にとどめておくことを、自発的にきめたのではないかとさえ考えても、けっして不自然ではない。

とはいえ、実際にはボルマンは、これらの覚え書きのすべてを、おそらく総統自身の要望にしたがって書き残したのであろう。残念ながら分量のあまり多くない覚え書きの中にも、これまで留保されてきたいくつかの問題に対して明確な答えを示そうとするヒトラーの断固たる意図が、はっきりとうかがえるからである。

そこで、あきらかに問題となるのは、総統がすでに数ヵ月あるいは数週間前に完全に放棄してしまったいくつかの立場である——それは、あるいは特定の信念を形式的に墨守しようとする意図によるものかもしれないし、また側近のあいだに特定の神話に対する信仰を絶やさぬようにしたいという意志によるものかもしれなかった。

いずれにしても、いまここに訳出された覚え書きもしくは記録に「政治的遺言」という表題をあたえるのは本来の意義にかなったことであり、ヒトラー総統自身では内心ではそう名づけていたにちがいない。われわれが個人的に信じているかぎりでは、ヒトラー総統とボルマンとは、表面ではこれまでと変わりなく振舞いながらも、第三ライヒの滅亡に際して最期のメッセージは残しておきたいという二人の気持ちは、たがいにはっきりと伝えているにちがいない。そして、その第三ライヒの滅亡という事態は、第三者の前でそれを認めることをいかに拒否したにせよ、数週間後には否応なしに直面せざるをえなかったのである。

たしかにヒトラー総統は、最も自分の信任が厚く、しかも自分と最も親密な間柄だったボルマンと二人だけになったとき、彼に対して自分の意見を腹蔵なく述べることができたものと思われる。いまここに訳出したヒトラーの最後の覚え書きと、それ以前の彼の覚え書きとをくらべてみたとき、どんな場合にも目につく特徴は、前者では、議論の糸口が減るとともに脱線も少くなり、より直截に記述がすすめられていることである。決定的な滅亡のときが来るかもしれないという気持の谺《こだま》は、ボルマンが一九四五年二月四日付で彼の夫人にあてた手紙の文面からひびいてくる――「お前に言えることは、われわれの状況がいかに好ましからざるものであるか、ということだ――正言に言って、われわれの状況は私には絶望的に思われる。」

とはいっても、身も心もささげつくしていたヒトラー総統の思想を、ボルマンが忠実に反映する人間であったことには、まったく疑いの余地はない。

これまでに知られているところでは、ボルマンは一九四五年二月二日から総統官邸の地下壕に起居するようになったが、そこでは彼のために専用の一室があてがわれていた。したがって、本訳書の内容を構成する全一八章の覚え書きの最初の章が二月四日の日付になっていることは、別に異とするにあたらない。しかし、ではなぜ二月二六日の日付で覚え書きは中断してしまったのだろうか。なぜ一七章と一八章のあいだに、三五日という期間が中断されたままになっているのだろうか。なぜ、この長い沈黙の期間をおいて、突如として四月二日付の覚え書きがただ一回だけ現われてきているのであろうか。

その中断については、決定的な理由はまだ発見されていない。ヒトラー自身もボルマンも、その日その日の緊急の出来事に忙殺されていたためなのか。状況があまりにも急激に悪化したためなのか。あるいは、総統は重要な関心の対象にかかわる自己の思想のエッセンスをすべて自分〔ボルマン〕に託し終えたのだという安堵の気持が、あるいはボルマンの心のどこかにあったためなのか。それとも、中断期間中の覚え書きはボルマンの手ですでに作成されてあったものの、予想外の出来事の出現のために、それらの覚え書きを安全な場所へ移す余裕が彼にはなかったのであろうか。いずれにしても、こうしたかずかずの疑問に対して果たして明快な答えが見つかるのか否かは、だれにもわからないであろう。

一九五九年

日本語版のための補遺

「ヒトラーの政治的遺言」に関する権利保有者として私は、この本〔『遺言』の仏訳および英訳〕がはじめて世に出た一九五九年に書いた緒言に、なにひとつ付け加えることはありません。〔『遺言』のドイツ語の原本そのものがはじめて一般に公開されたのは、それから二二年後の一九八一年のことである——訳者〕

この資料が、ついに日本の読者にその国語で親しく読まれるようになったことに、私はとりわけ深い喜びをおぼえます。この資料は、並はずれて明敏な思考力をそなえ、最悪の事態に直面しても自己批判をおそれず、加うるに多くの問題についてすぐれた予言力を持っていたヒトラーという一個の存在をあきらかにしてくれるものです。

とりわけ印象深いのは、ヒトラーが、彼の国民の独立と尊厳のために戦わねばならぬと決意せざるをえなかったのはいかなる場合においてであったか、また、色とりどりの国際色豊かな世界に対立する無味乾燥で画一的な「MADE　IN　USA」という世界から、自国の文化遺産と伝統とを守るすべを知っていた彼が、ドイツ国民の豊かな世界にいかに大きな信頼を寄せていたか、という点です。

ヒトラーがそのためにたたかった世界の中で、日本は卓越した位置を占めていました。彼は、つぎのように述べています――

余にとって日本は、変わることなく盟邦であり、友人でありつづけるであろう。この戦争は、それ〔われわれの友情〕が、いつまでも変わることなく大切なもの、そして、よりいっそう貴重なものであることを教えつづけてくれることであろう。

一九八八年一月

フランソワ・ジュヌー

目次

東部の戦闘 [1943-44年]

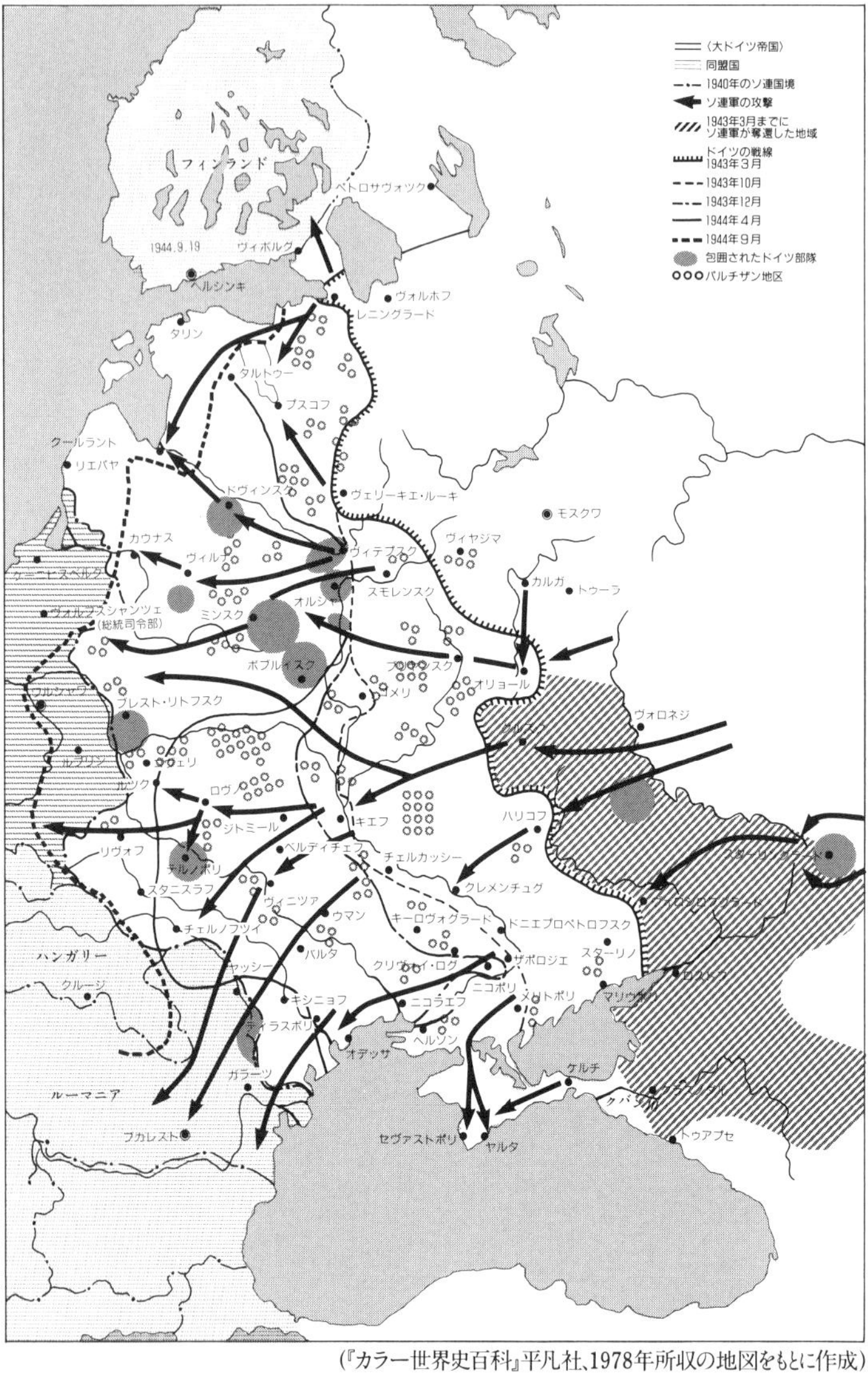

(『カラー世界史百科』平凡社、1978年所収の地図をもとに作成)

ドイツ東部戦線の崩壊 [1945年1-3月]

(『カラー世界史百科』平凡社、1978年所収の地図をもとに作成)

総統大本営における「総統の発言」

一九四五年二月四日から二六日までおよび四月二日

記録者＝マルティン・ボルマン

I

ピットとチャーチル――ピット、イギリス世界帝国の道を開拓した人、チャーチルはその墓掘り人――世界大戦と、ヨーロッパおよび国際政治におよぼしたその影響――ユダヤ人とチャーチルと、そしてルーズベルトは一九四一年、イギリスに対して平和を不可能にした――ポーランドのハラキリ的行為はイギリスの責任である――われわれには戦争という判決が下った――ドイツ国民にとって窮乏と不幸とは、つねに新たな繁栄が生まれるときである

一九四五年二月四日

チャーチルは、彼自身のことをピットのような人物だと思っている。なんという思い上がりであろう！　ピットは一七九三年には、ちょうど三四歳であった。チャーチルはあいにく高齢の老人で、小児麻痺患者ルーズベルトの命令に奴隷のように唯々諾々と従う気力を出すのが関の山である。

すでに外面的な状態をくらべてみただけでも、ピットとチャーチルとのあいだには、なんらの共通点もない。比較をおこなうためには、人びとはつねにその時代のもろもろの関係の中へ身をおい

てみなければならない。

イギリスの立場からすれば、ピットにはナポレオンとのいかなる和解をも拒否する必要があった。彼はこの頑固な態度をもって、イギリスが世界を支配する役割をつとめるための扉をひらき、その結果イギリス国民は一九世紀にこの役割を完成することができたのである。それは、生存への意志を示す政治であった。

これとは反対にチャーチルは、私が申し出た和解の政策を拒否し、それによってイギリス国民を自殺にもひとしい道に引きずり込み、ついに奈落の底に追いこんだのである。その際、彼は一つの誤まりをおかしている。その誤まりとは、前回の戦争の法則と経験とによって新たな戦争の計画を立てるという、とりわけ古い参謀本部付将校に特徴的なやり方である。しかしながら、過去の時代に大成功をおさめたテーゼだからといって、簡単にコピーすることはできない。

世界の様相を一変させた今日の現実、それは二人の巨人、すなわちアメリカ合衆国およびソ連の存在である。大ピットによって代表されたイギリスは、ヨーロッパにおけるいかなるヘゲモニーもゆるさなかったことによって世界の均衡を保つことが可能であった。現在においては、現実は、二〇世紀の世界の政治的均衡を確保するためにヨーロッパの統一に賛同することを、チャーチルに強要するべきであった。

私はこの戦争のはじめに、イギリスの首相にはこのような広域政策を理解する能力もあるし、またその実行が可能でもあるという立場にたち、この立場から行動すべく努力した。しかし、チャーチルのような人物でも、このことはおそらく冷静なときには認識したであろうと思うが、彼はすでに完全にユダヤ人の思想に毒されていた。私は、イギリスの誇りをきずつけないように、すべての手をつくしたし、したがって西ヨーロッパではすべての最終決定を延期した。

ソ連に対する攻撃によって、私がボルシェビズムという腫瘍の切開をしたとき、私は西側の健全なる常識と自己保存の本能とが目覚めることを望んだ。みずからは一本の指も動かさずにこの粛清の成果の分け前にあずかれるチャンスを、私のように世界に提供することは、もうだれにもできないであろう。しかし、これらの偽善家連中が、だれかれの別なく誠実な人間を迫害するときの憎悪は、自己保存の本能よりも強烈であった。

しかし私自身も、一つだけ過少評価したことがある。それは、チャーチルによって代表された、イギリス人に対するユダヤ人の影響の大きさである。彼らは、天をともにいただかざるの敵であるナチスに、たとえわずかでも妥協するくらいなら、むしろ大英帝国がのたれ死にして亡びてしまう方を選ぶであろう。単なるサロンの中での反ユダヤ人主義ならば、彼らにはおそらくまだ我慢の余地があったであろう。しかし、世界のユダヤ人のすべてと、その権力とを根こそぎ取り除いてしまおうという私のゆるがぬ意志は、彼らの胃の腑の中では消化できない石であった。

天才児ピット、彼は時代の要求にふさわしい、しかも遠い未来まで見透した政策によって頭角をあらわした。それは、島国イギリス王国の比類なき興隆の基礎をきずき、その結果、イギリスが前世紀に世界支配を達成する上で大きな力となった。ピットのこの政治の外見を頑迷にまねているチャーチルは、そのことによって、まさにおそるべき愚行をしでかしている。世界は大ピットが生きていた時代以後、静止していたのではない！　前世紀の変化のテンポは比較的ゆるやかなように見えるが、しかしながら、世界大戦はこの変化の速度をはやめ、さらに現在の戦争はそのツケとして、われわれの前にあらわれている。

純粋の力の政治の立場からすれば、前世紀に力を持っていたのはヨーロッパだけであった。アジアの国ぐには、死んだように眠りこんでいた。新世界〔アメリカ〕は、ヨーロッパの付属物の域をあまり出てはいなかった。したがって、独立したばかりの一三のイギリスの植民地の運命を予見できた者は、だれもいなかった。一三……私はけっして迷信家ではない。しかし、アメリカ合衆国の例をみるとき、人びとは迷信家になるかもしれない！　四〇〇万足らずの住民しかなかったこの新しい国は、わずか一〇〇年のあいだに力づよい成長をとげて、今世紀のはじめには世界の強国となった。

決定的な〔一九〕三〇年代には、世界の状況はナポレオンやピットの時代のそれとは根本的に変わってしまった。ヨーロッパ大陸は、世界大戦の物質的な大消耗戦によって力を完全にすりへらした結果、その支配的地位を失なった。ヨーロッパは、政治的な重心の一つとして残ることは残ったが、しかしそれは多数のうちの一つにすぎず、しかもヨーロッパの意味はますますうすれてゆく一方であった。これとまったく反比例するように、アメリカ合衆国の意味と、アジア的ボルシェビズムの巨人国の意味とは、ますます大きくなるばかりであった。そして特に、太陽が昇る国〔日本〕

の意味も。

ユダヤ人に毒され、半分アメリカ人化した大酒呑み〔チャーチル〕のかわりに、もしも天が堕落したイギリスに第二のピットを授けていたら、このピットは、その機会を正しくつかんでヨーロッパの均衡というイギリスに伝統的な政策を、世界的な規模のものに書き改めたであろう。相互の憎悪と、嫉妬と、そして敵意とをあおりたてて、抗争を永久化するかわりに、ロンドンは、ヨーロッパの統一を促進させ、そして前進させることはしないまでも、せめて実現させるべきであった。統一されたヨーロッパを同盟国として、大英帝国はこのヨーロッパとともに、世界のすべての貿易において仲裁裁判官の役割を演ずることができたであろう。

しかしながら、狡猾なアルビヨン〔イギリスの最古の呼称〕が、その歴史の中で多くの犯罪的行為をかさねて自己の覇権を築いたことに対して、天が罰をくだそうとしているように思われる。イギリスとヨーロッパとにとっておなじく決定的なときにチャーチルが登場してきたことは、運命からあたえられた報復である。つまり、それがあの強い男、すなわち堕落した広範な指導層の一味が待ちこがれ、頼みにしていたと思われるあの強い男である！　この、老いぼれた詐欺師まがいの男の手に、英帝国の運命ばかりか、残念ながらヨーロッパの運命までが委ねられている。

私は、しばしばこう自問する――イギリス国民は、堕落した貴族階級の上層部のどこかに、典型的なアングロサクソンの特性をまだ温存してはいないだろうか？　すなわち、かつてイギリスの世界支配の基礎を築き、そして今日このときにこそその存在が立証さるべきあの特性を。

私は、それは疑わしいと思う。なぜならば、さもなければ今日このとき、指導者層の誤まりに対して反乱がおこって当然であろう。最近何年かのあいだに、革命的な決断を実行するための機会がたくさんあった。もしも、それが実際におこなわれていたならば、イギリスでは新しい実り多い政治が可能となっていたであろうに。

イギリスにとっては、一九四一年のはじめには、戦争を終結させることがまだ可能であった。イギリス国民はロンドン上空における空中戦で、抵抗の精神と勇気とを立証した。私は、ピットのような人物がいた昔のイギリスならば、この和平のチャンスをしっかりとつかんでいたであろうと思う。しかしユダヤ人と、その共犯者であるチャーチルとルーズベルトは、それを許そうとはしなかった。

一九四一年春に和平が成立していたならば、それはヨーロッパの問題へのアメリカの介入を阻止するための、最後の機会であった。まずユダヤ人の影響を排除した後、ライヒ〔一九四五年までのドイツの呼称〕の指導のもとに、ヨーロッパは、遠からず唯一つの統一されたブロックとなっていたであろう。

フランスとイタリアとは、いずれもゲルマン人国家との戦いで敗北を喫し、おそれをなして逃げ出すとともに、大国志向の政策を放棄しなければならなかったであろう。もちろんこれらの二国は、北アフリカおよび近東に対する要求を断念して、新しいヨーロッパのために、遠い未来まで見通しのきく友好策を、イスラム世界とのあいだに樹立する道をひらくべきであろう。イギリスは、ヨーロッパにおけるあらゆる不安から解放されて、自己自身の世界帝国の問題だけに専心できたであろう。

結局ライヒは、二面作戦の危険をおかすことなしに自己本来の課題に没入して、国家社会主義《ナチオナール・ゾチアリスムス》と私の生涯とをかけた使命とを達成することができたであろう。すなわち、ボルシェビズムの殲滅と、したがって同時に、われわれドイツ民族の将来にとって不可欠な、東部における生命圏の確立という使命を。

自然の法則には一つの論理が内在しているが、この論理は、かならずしも人間のそれとは一致しない。イギリスとの妥協にそなえる一方で、さらにわれわれは、大英帝国の存続を保証するための協力までするつもりであった。しかも、これらすべてのことは、私にとっては最後のヒンズー教徒の方が、根本的にはこれら高慢ちきなイギリス人たちよりも好ましく思われる、にもかかわらずである。ドイツ国民はいつの日か、虫の食ったぼろぼろの栄光の座を永続させるために責任をとらせられずにすんだことを、幸福に思うべきであろう。もしそうでなかったら、後世の人びとは我々のことを決してゆるしはしなかったであろう。

この戦争がどんな形で終わるにしても、イギリス世界帝国の終焉は今日、確実に予言することができる。この世界帝国は瀕死の重傷を負っている。そしてイギリス国民には、彼らの呪われた島の上で飢えと結核の犠牲になるという運命が待ちうけているだけである。

イギリス人の頑迷な意識には、ライヒの英雄的な抗戦に共通するものは、これっぽっちもない。

イギリスには自由な選択が可能であった。この戦争に突入することをイギリスに強要した者は、だれもいなかった。イギリスはみずから熱望して戦争への道をえらんだばかりか、意図的にこの戦争をはじめたのである。もしもアングロ・フランス人の戦争扇動屋ども、すなわち、このユダヤ人の手先どもにあおり立てられることなく、自国の力だけに頼らなければならなかったとしたら、ポーランドはけっしてハラキリ的な行動には出なかったであろう。

ひとたび戦争の狂気が行動をはじめてからも、苦境から解放されるチャンスがイギリスには何回となくあった――ポーランドが殲滅された後であれ、フランスが敗れた後であれ。たしかに、それは特に栄光にみちた退却ではなかった。しかし結局イギリス人は、方法をえらべるほど贅沢な立場にあったことは、一度もなかった。すでに一九四〇年五月に、パリのフランス政府といっしょにべルギーに対して実践したように、あらためて同盟国の無能さに責任を転稼するほど容易なことはない。そのような場合われわれとしては、イギリス国民の面子《メンツ》を立てるために、つねに最善をつくしたであろうに。

まだ一九四一年のはじめには、アフリカにおけるイギリス軍最初の成果と、ふたたびとりもどした軍の面子とを足がかりにして、妥協による和平によってイギリスが戦争から手を引くには、機会は有利であった。

それなのに、なぜチャーチルは、実際には最悪の敵よりももっとはるかに貪欲なユダヤ的・アメリカ的な連合国の命令に、自分の国を無条件に屈服させてしまったのであろうか？　イギリスは自国のためにたたかっているのではない。イギリスがたたかっているのは、憎悪にみちた同盟国から強制された戦争である！

これに反して、ドイツにはほかに選択の余地が残されていなかった。私が、すべてのドイツ人を一つのライヒに統合して、この大ドイツのために独立と力とそして生存圏をたたかいとって、それを確保するであろうと世界がはっきりと知った瞬間から、すべての敵は一つに結ばれた。この戦争はわれわれにとって、すでに最初から不可避的なものであった。なぜならば、この戦争を避ける唯一の道といえば、われわれにとっては、ドイツ国民の最も単純な生きる権利の放棄を意味することになったであろうから。

ドイツ国民にとって、似非《えせ》主権の存在などというものは考えることができない。それは、スイス人かスウェーデン人になら我慢できるかもしれない。彼らは、ポケットがふくらむことでさえあれば、いつでも外面的なことで満足しているのだから。もっとも、ワイマール共和国はそれで満足していたゆえに、ユダヤ人の親類縁者みたいな政府の連中は、ジュネーブの国際連盟の下僕用の椅子にかけて、見るからにいい気持になっていた。この種の野心とは、第三ライヒは、もちろんなんのかかわりも持っていない！

こうしてわれわれは、戦争をしなければならないように決定づけられていたのである。私自身で決めることができた唯一のことは、最も有利な瞬間をえらぶことだけであった。

しかし、われわれには後戻りということはありえなかった。われわれの敵は、単に国家社会主義《ナチオナールゾチアリスムス》の世界観だけを――彼らは、ドイツ国民の能力を完成させたものはこの世界観であるときめつけた――標的にしたばかりでなく、およそドイツ的なもののすべてに、狙いをつけたのである。

彼らが欲しているのは、われわれを根絶やしにしてしまうことであり、これについては、いささかも疑いの余地はない。今度の戦争では、憎悪の方が偽善よりも効果的であることが証明された。われわれは、われわれの敵に対して、そのあけすけな態度に感謝の言葉もない！

われわれをとりまいて猛り狂っている全面的な憎悪に対しては、ただ全面的な闘いをもって対抗することあるのみである。われわれは、赤裸々の生存をかけてたたかっている。この戦争は、存在か、それとも非存在かをかけた、とことんまでたたかう戦争である。たとえどのようなことになるとしても、われわれはこの戦争を最後までもちこたえるであろう。いつの日かドイツは、前よりもさらに強くなって、このたたかいの中から生まれてくるであろう。しかしイギリスは、前よりもいっそう弱体化して！

歴史は証明している――窮乏と不幸は、ドイツ国民にとってつねに一つの回り道、すなわち、新しい繁栄が誕生するための陣痛にすぎなかったことを。

この戦争におけるわが国民の苦しみ――しかも、われわれの男たちや女たちや、そして子供たちは、他のいかなる国民よりも一〇〇〇倍も多く苦しんだ――この、言葉ではいいあらわせないような苦しみの体験は、やがて勝者となったとき、思い上がることがないようにわれわれを助けてくれるであろう。そして、もしも天がドイツ国民を、その勇敢な犠牲的精神にもかかわらず見捨てることがあるとすれば、それはただ、もっと大きな苦しみをあたえることによって、ドイツ国民に生の意志を確信させるためにほかならない。

一九四五年二月五日の国防軍総司令部発表の戦況そのほかの報道から――

……熾烈な戦闘をつづけているブダペストの勇敢な守備隊は、ドイツ空軍の戦闘機および戦闘爆撃機による強力な支援をうけた。スロバキア南部の国境地域、ならびに西ベスキーデンとオーデル河とのあいだでは、ボルシェビキたちの多くの攻撃が失敗に終わった。ブリークの両側で、オーデル河橋頭堡の敵軍は強力な兵力をもちいて攻撃を開始した。この方面では、はげしい戦闘が進行中である。そのほかの東部戦線では戦局に大きな変化はみられない。

オーデル河畔のフランクフルト前方の防衛線ならびにキュストリンおよびポーゼンに対して、ソビエト軍ははげしい攻撃をつづけているが、さしたる戦果はあがっていない。

南部ポンメルンのわが部隊は、ピリッツ、ドイチェ＝ク

一九四四年の日本に関する大きな出来事を列挙しておく。

六月一五日、米軍がサイパン島に上陸、七月七日までに日本軍守備隊三万人が玉砕。

六月一九日、マリアナ沖海戦。日本海軍は空母、航空機の大半を失なう。

七月一八日、東条英機内閣が総辞職し、二二日、小磯国昭内閣成立。

一〇月二四～二六日、レイテ沖海戦。日本は戦艦武蔵など主力を失なった。この海戦で、海軍神風特攻隊が初めて米艦を攻撃した。

ローネとヤストロウ北東の地域とのあいだで敵の新たな攻撃を撃退した。マリエンブルクとエルビング市は、熾烈な戦闘の中心地になっている。東プロイセンでは、ヴォルムディット、バルテンシュタインならびにケーニヒスベルクの両側において、ボルシェビキたちは優勢な兵力をもちいて攻撃をかけてきたが、勇敢なわが部隊とその作戦のおかげで防衛線の突破は失敗に終わった。……ドイツ海軍の戦闘部隊は、東プロイセン沿岸の戦闘にくりかえし参加して、攻撃をおこない、陸軍部隊を支援した……。

西部戦線では、ルーア河戦線の前方において敵軍の動きとはげしい砲撃がつづいている。シュライデンの地域ではわが軍の部隊は、ウルフトタール堰の前方におけるアメリカ軍の突破作戦をふたたび阻止するとともに、その南方ではそのほかの攻撃を粉砕した……。

上部エルザスのわが軍の橋頭堡の重要な拠点は、昨日もまた敵のはげしい攻撃にさらされた。ブライザッハとコルマールのあいだのライン平野において攻撃してきたアメリカ軍は、ノイ・ブライザッハの北方では撃退された。コル

一九四五年に入ると、B29爆撃機による日本本土空襲が熾烈化した。

一月には、名古屋を三回、東京および大村を爆撃。二月には主として神戸、名古屋および東京を爆撃した。

本土以外でも、中国の日本軍航空基地および交通施設などが目標となり、さらに太平洋戦線でも、重爆撃機や戦術支援機の活躍がめざましかった。

フィリピン方面――

このころ、米軍の主要目的はフィリピンの奪回であった。四四年一〇月のレイテ島上陸によって、フィリピン攻防戦の火ぶたは切って落とされた。

四五年一月九日、八五〇隻の艦隊をもってついにルソン島のリンガエンに上陸した。

マールの南方では、わずかに進出したが、ふたたび食い止められた。……ミュールハウゼン北方の地域のわが部隊は、エンシスハイムおよびズルッの前方ではげしい防禦戦を展開中である。

ダンケルクおよびロリエントをめぐる砲撃戦ははげしさを増した。きのうの夜間にイギリスのテロ爆撃機の編隊は、西ドイツの多くの場所に爆弾を投下した。特にボンおよびゴーデスベルクの住宅地区が被害をうけた。

ロンドンに対する報復のロケット攻撃はつづいている。

一月中にアングロ・アメリカ空軍は、わが方の空軍の戦闘機および高射砲によって一三八九機を失なったが、その大部分は四発の爆撃機である。……

国防軍の発表の補足として、つぎのように報道されている――

シュレジエンでは一月一四日以後、多数の国民突撃隊の大隊が、特に上部シュレジエンの工業地帯で、陸軍の予備部隊と武装親衛隊が到着するまで敵の攻撃を食い止めるとともに、模範的な犠牲精神と勇敢な行動とによって、堅固

制空・制海権を握られて窮地におちいった日本軍に対し、二月四日、第一騎兵師団が北方から、第一空挺が南方からマニラに迫った。山下奉文司令官はマニラ解放を指示したが、同市の二万人の海軍部隊は徹底抗戦のかまえを崩していない。

翌五日、アメリカ軍はマニラにさらに接近し、第一一軍団はバターン半島を横断する攻撃を終わった。

な防御戦線の建設に決定的な貢献をした。

II

一二時五分前――たたかっているかぎり、希望がある――レオニダスと彼の三〇〇人のスパルタ人たち――女帝の死の直前におけるフリードリヒ大王の決意――われわれには、まだ勝利をわがものにする力がある――一九三三年、この不可避的な戦争の萌芽

一九四五年二月六日

敵味方双方の側において未曾有の苛烈さをもってつづけられている巨大なたたかいの五四ヵ月がすぎて、いまドイツ国民は、ドイツ国民の絶滅を決意した列強の連合軍に、単独で対決している。わが国の国境のいたるところでたたかいが猛り狂い、ライヒの領土は戦場と化した。敵はその総力を結集して最後の攻撃に移ろうとしている。敵にとって最大の目的は、われわれに勝つことではない、敵はわれわれを完全に亡ぼしてしまおうとしているのだ。われわれの敵国はすべて、ライヒを破壊しつくし、国家社会主義の世界観を根絶し、そして国家社会主義の信仰に対する罰として、

ドイツ国民を奴隷にしてしまおうと決意している。いまや一二時五分前である。状況は深刻である、きわめて深刻である。それどころか、状況はすでに絶望的にさえ見える。しかし、最強の者でも、疲労と消耗とに負けて、勇気を失い、その結果、実は何百となく存在している敵の弱点まで見落してしまうことがある。われわれと対決しているのは、和解の不可能な多くの対立点をかかえた国々の連合であるが、この連合が辛うじて一つにまとまっているのは〔ナチ・ドイツに対する〕憎悪とねたみとによるものであるとともに、彼らの団結が成り立っているのは、これらユダヤ人の奴隷どもに対して国家社会主義がふきこんだパニック的な不安のためである。

これに対して、われわれのチャンスは、われわれがひとりでたたかっているということ、そしてもはやだれにも依存していないということである。そのチャンスは、漠然とかきあつめた敵の大軍に対して、わが方では、六年間の戦争でおびただしい血を流しはしたが、いかなる危険にもめげぬ勇気につらぬかれたドイツ国民の、一致団結した力を結集して対決している点にある。

今日ドイツ国民が行なっているような抵抗ができる国民は、たとえば灼熱の熔岩がなだれこんでくるような場合でも、その焔によって焼きつくされてしまうことは決してないであろう。われわれの民族のたましいは、この灼熱の焔の中で、かえって、もっと大きな、未曾有の持久性と大胆不敵な性格に鍛えられるであろう。

いかなる苛酷な運命がわれわれを待ちうけていようとも、ドイツ国民はその中から新たな力を汲みだすであろう。そしてたとえつぎの瞬間が何をわれわれにもたらそうとも、栄光にみちた未来はわれわれの目前にあるのだ！

獲物をねらってわれわれのまわりに集まってきた群盗どもをけしかけている悪魔的な絶滅という意志は、われわれに回答をおしつけ、われわれが行くべき道を指示している。すなわち、われわれにまだ残されているただ一つの道〔降服〕である。

われわれは、絶体絶命の勇気をもってたたかいを継続しなければならない。顔を敵の方に向け、ただの一度でもふりむくことをせずに――そして、たとえ一歩の幅でもわれわれの神聖な祖国を防衛しなければならない。たたかいをつづけているかぎり、希望がある。したがってこの認識がありさえすれば、戦争はすでに敗北したも同然という考え方に通じるいかなる思想も、われわれには許されない。最後のカードがその役を果たし終わらないうちは、勝負はけっして決まったわけではない。

しかし、もしもあらゆる絶体絶命の努力にもかかわらず、運命が歴史の中でもう一度、われわれが強大な敵によって制圧されることを望んでいるならば、そのときはわれわれは、頭をまっすぐに上げ、ドイツ国民の名誉がいかなる汚点によってもくもることのないように、最後まで誇りの感情をすてずに亡びてゆこう。

たとえ絶望的なたたかいといえども、畏敬に価する対象としての永遠の価値をみずからの内に秘めている。レオニダスと彼の三〇〇人のスパルタ人のことを考えてみるだけでよい！　羊の群のようにおとなしく屠殺台にひかれてゆくことがドイツ人の本質にかなっていたという話は、ただの一度もなかった。敵はわれわれを、おそらく根絶することはできるであろう。しかしながら、われわれを無抵抗のままで屠殺場へ連れてゆくことはできないであろう。

否、状況が絶望的ということは決してない。ドイツ国民の歴史の中で、予想できなかったような転換が起こったことが、いくたびあったであろうか！

デア・アルテ・フリッツ〔年老いたフリードリヒ大王〕は七年戦争のあいだ中、たえず破局の縁《ふち》に立たされていた。ついに力つきた彼は、一七六二年の冬のあいだに決意をかためた。彼があらかじめ確定しておいた日までに戦局を有利に転換することに成功しなかったときに、その日に、みずから毒をあおいで自分の命を絶とう、と。ところが、その、自殺の決行をさだめた日の三日前、まったく思いがけなくロシアの女帝が死んだ。その結果、さながら奇蹟でも起こったように、すべてがフリードリヒ大王にとって有利に転換した。

そのフリードリヒ大王とおなじように、われわれもやはり強大な敵国の連合軍と対決している。しかしながら、連合軍といえども人間がつくったものであり、少数の個々の人間の統率のもとに成りたっている。チャーチルといえども生身の人間だから、急に死ぬことだってある。そうなれば、すべてが変わってくる。

彼がいなくなれば、おそらくイギリスのエリートたちは、ヨーロッパがボルシェビズムに売り渡されたときに、彼らが直面する奈落の大きさに気づくであろう。そして突然、イギリス人全体がめざめることになるかもしれない。それは、結局はわれわれが代理となってたたかい、しかもわれわれの勝利の成果を享受するかもしれない、あのイギリス人たちなのであるが……。

まだわれわれは、最後の力を結集して、勝利をわれわれの方に奪還することができる。この最後のたたかいのために、われわれにはまだ時間が残されていることを願う！

われわれにとって重要なことは、ただひたすらに生きつづけてゆくことである。ドイツ国民が独立の存在をつづけてゆけるという単なる事実が、われわれにとってはすでに勝利を意味している。そのことだけで、この戦争を正当化するうえで充分である。なぜならば、そのときには、この戦争は決して無益なものではなかったことになるからである。この戦争は、かかるものとして不可避的であった。本当のところ、国家社会主義のライヒの敵はすでに一九三三年以来、〔世界を〕戦争へとかりたてていたのである。

一九四五年二月四～一一日、ルーズベルト、チャーチル、スターリンの連合国側三首脳はクリミア半島のヤルタに会合した。いわゆるヤルタ会談である。

連合国側がヨーロッパ戦線で勝利を収めることはもはや確実であったが、この日の戦況ならびにドイツの各都市の運命について、特に一九四五年二月七日に報道された国防軍総司令部の発表は、つぎのように伝えている――

ブダペストを守備する将兵は、きのうもまた、敵の攻撃をことごとく撃破した。

東部戦線では敵軍は、ラティボア、ブリーク、ならびにキュストリン北方の橋頭堡をわずかに拡大した。

南ポンメルンおよび西プロイセンでは、ピュリッツ——アルンスワルデ——ドイチェ＝クローネ地域において北方への敵の圧力はつづいた。シュヴェッツの北西では、敵の攻撃は撃退された。グラウデンツならびにエルビングを守備する部隊は、敵の強力な攻撃に対して陣地をもちこたえた。東プロイセンでは、これまで戦闘の中心部となっていた地点でつづけられていたボルシェビキ部隊の突破作戦は、はげしいたたかいの末、失敗に終わった。ランズベルク付近では、わが軍の部隊は、ソビエト軍のはげしい反撃にもかかわらず、これを撃退した。ザームラントにおける敵の攻撃は、わが方によって甚大な損害を被った結果、弱まった。……わが海軍の戦闘部隊は、ザームラントにおける陸軍のはげしい戦闘に対して有力な支援を行なうとともに、二月六日、エルビング周辺の防御戦にもはじめて参加して、すぐれた戦果をあげた。わが海軍の高角砲は、四発の爆撃機二機をふくむ敵機三機を撃墜した。

西部戦線ではわが軍の部隊は、ルーア河下流地域で攻撃してきたイギリス軍を撃退した。この河の上流地域におけ

日本を敗北させるのは、日本軍の狂気の抵抗や、満州・中国にいる日本軍の大部隊を考慮すれば、まだ容易ではないと思われた。

そこで米英は、対日戦にソ連を引き込もうと熱望していた。これに対しスターリンは、ヨーロッパでの戦線終結後、二カ月以内に日本に宣戦することを約し、その見返りとして樺太、千島を割譲するという約束を得た。

るアメリカ軍の攻撃は、ごくわずかな突破口をつくっただけで失敗に終わった。シュネー＝アイフェル山脈の両側における局地戦および塹壕戦は、はげしさを増すとともに拡大されてきた。……フォールバッハとザールゲミュントとのあいだの橋頭堡、ならびにブリースブルックの近くの橋頭堡に対するアメリカ軍の攻撃は失敗に終わった……。

エルザスの高地では、縮小した橋頭堡にわが軍の部隊を撤収することに成功した。そこではわが部隊は、ノイブライザッハとライン河とのあいだを南へ向かって攻撃してくる敵軍を撃退した……。

モスタールおよびヘルツェゴヴィナの地域では、攻撃してくる匪賊の部隊とのあいだで新たに戦闘が展開中である。

アメリカ空軍のテロ爆撃機の編隊は、マグデブルクおよびチューリンゲン・ザクセン地域の各所に爆弾を投下し、このため特にケムニッツの住宅地区に被害が生じた。

III

海外での事業は国民を貧しくする——アメリカとオーストラリア、たましいなき構成物——キリスト教の宣教師たちの無駄な努力——白人種の贈り物としての物質主義、アルコール中毒、狂信と梅毒——合衆国という名の怪物——そのバックボーン、すなわちドイツ人——自然から指示されたゲルマン民族膨張の方向——ヨーロッパはヨーロッパ人に——無人のオーストラリアはアジアを引きつける。

一九四五年二月七日

土の中に深く根をおろしている国民だけが、完全に開花するであろう。およそ人間は、出生という幸福をあたえてくれた土地というものを疎外することは、決してゆるされない。人間はたとえ異国にいても、つねに故国へ帰ることを考え、この考えを片時でも見失ってはならない。やむをえず植民国民となったイギリス人は——しかも彼らは偉大なる植民家であった——一般的には以上の規則をまもっていた。

私にいわせれば、大陸で生まれた民族は、母国との地理的な関連が確定している場所にのみ移住すべきであると思う。

このように地中に根をおろした存在は、特に大陸の民族にとって固有のものであるが、私は、このことはとりわけドイツ人に妥当していると思う。われわれドイツ人が、かつて海外の植民地に対して実際に心をひかれたことは一度もなかったということは、疑いもなく以上の事実から説明される。

太古の時代の歴史から見ても、近代の歴史から見ても、海外に植民地をつくるという事業は、長い目でみれば、それに深入りした国民を貧しくするために役立っただけであることがわかる。すべての国民は、植民地という事業に彼らの力を浪費した。結局のところ彼らはすべて、均衡をもとめてやまぬ正義の代償として、彼ら自身が呼び寄せたり、あるいは目覚めさせた勢力の圧力に屈してしまった。これについては、古代ギリシア人の例にまさる実例があるだろうか？

古代ギリシア人について当てはまったことは、今日の時代およびヨーロッパ人にも妥当する。自己に固有の諸価値をふりかえって考えてみることが、すべての国民にとって必要であることは疑う余地はない。充分に長い期間を対象にえらんで、じっくりと検討してみれば、だれでも、その期間に起こったできごとの中に、以上の結論が立証されていることがわかるであろう。

スペイン、フランス、そしてついにイギリスまでが、この植民地という事業において無駄な血を流し、そして彼らの生命力を失なってしまった。スペインとイギリスとによって生きることに目覚め、この両国によって根底から新たに創りなおされた大陸は、今日では独自の、特色ある生活をいとなんでいる。これらの大陸は、空虚な表現においてのみ、人工的な継ぎ木としての彼らの由来を思い出すのである。すなわち伝統と、たましいと、そして文化とを欠いた人工的な継ぎ木としての。

実際には無人同然の大陸に、新たに植民をした場合の成果を語ることができよう。これは、アメリカ合衆国およびオーストラリアについて該当する。それを成果といっても、私には別に異存はない。しかしそれは、物質的な見地にのみかぎられたことである。アメリカもオーストラリアも人為的に構成されたもの、たましいのない構造体であり、それが子どもの年齢のまま発育がとまってしまったものなのか、それともすでに老いさらばえてしまったものなのか、だれも知らない。

すでに植民をすませた大陸では、失敗はもっとはっきりしている。ここでは白人たちは、暴力によってのみ自分たちの政策をおしつけることが可能であった。したがって、原住民たちの本性に対する白人たちの影響は、いわば皆無にひとしかった。ヒンズー教徒はヒンズー教徒のままだったし、中国人は中国人のままだったし、イスラム教徒はイスラム教徒のままであった。つよい影響をおよぼすような変化は起こらなかった。

宗教の領域においては、他の領域の場合にくらべて一層そうであった。しかも、キリスト教伝道団の熱烈な努力にもかかわらず、である。ほんとうに改宗がおこなわれた例は稀であり、しかも全然でたらめをいっている場合もあるから、はたしてその改宗が真実かどうか、まず立証してみなければならないであろう。

とはいえ、少なくとも一つだけ、白人たちがこれら植民地の国民にもたらしたものがある。すなわちそれは、白人たちの贈り物としては最悪のもの、人類にとって最も重大な罪、すなわち物質主義と、アルコール中毒と、狂信と、それから梅毒とである！

ちなみに、これらの国民は、彼らにとって固有のものについては、そしてわれわれよりもすぐれているものについては、すべて自己を変えようとはしなかった。暴力をもちいて強制したものは、もっと悪い結果を生んだ。人間の健全なる理性は、あらかじめ無益とわかっているような試みから、ひとびとを遠ざけるべきであろう。

植民主義者が自画自讃できる成果はただ一つだけ、すなわち、行く先々で憎しみを招いたことだけである。われわれが、これらの国民本来の平和な生活をかき乱すことによってみずから招いた憎しみは、彼らを駆りたててわれわれを追い出そうとしている。それはまさに、ただこの目的のために彼らが目覚めたかのようだ！

植民地によって世界中にキリスト教徒の数がふえたというなら、それを私に立証してもらいたい！　イスラム教の成果に匹敵するような大量の改宗は、どこにあるというのか？　アジアとアフリカでは、わずかにちっぽけな染《し》みのようにキリスト教入信者の集落があることなら、私も知っている。しかし、これもむしろ名ばかりの存在である。これが、感嘆おく能わざるキリスト教伝道団、すなわちその伝道使たちが神の真理を世襲的に独占している団体の成果のすべてである。

一切合財を考慮してみれば、ヨーロッパの植民政策は完全に失敗した。ここで私は、一つの注目すべき成果については充分に意識している。もっとも成果といっても、物質的な点だけに関したことだが。私が言おうとしているのは、合衆国と自称する怪物のことである。まったく、それは本当に怪物である。

ボルシェビズムの危険から身を守るためにヨーロッパが絶望的なたたかいをつづけているときに、ユダヤ人化したルーズベルトに指導されたアメリカ合衆国には、その途方もない物質的な力をアジアの野蛮人たちのために用立ててやることしか考えつかない。すなわち、新世界の母国であるヨーロッパを殲滅しようとしている、この野蛮人たちのために！

ふりかえって、合衆国に移住して行って、いまもなおこの国のバックボーンを形づくっている何百万というよきドイツ人たちのことを考えると、ただただ残念というほかはない。まことに彼らは、ドイツ人として母国から失なわれてしまったばかりでなく、おまけに母国の敵にまでなり下がってしまったのである。しかも、ほかのだれよりも悪い敵に。たとえ移住して行ったドイツ人たちが彼らの勤勉さを持ちつづけているとしても、彼らはすでに彼らのドイツ魂を失なっている。堕落したドイツ人以上に堕落したものは、他にいない。

われわれとしては将来、ゲルマン民族の血があらゆる方面に流出しないように注意しなければならない。

東方へ、そしてつねに東方へのみ、われわれは余剰人口のはけ口をもとめるべきである。これこそが、自然から示されたゲルマン民族の膨張の方向である。われわれの同胞を彼の地で待ちうけている荒々しい風土は、頑強な人間にそなわった血統の優越さを彼らに維持させるための力となるであろう。それはまた、否応なしに頭をもたげてくる母国とのさまざまの比較によって生ずる好ましい反動として、彼らに正しい郷愁をよびさましてくれよう。

ドイツ人をキエフに移植すれば、彼はあくまでもドイツ人たることをいささかも変えないであろう。しかし、彼をマイアミに移植すれば、そのときは、きみたちは彼から堕落した人間をつくりだす……すなわちアメリカ人を！

植民政策がドイツ人の好みにそぐわないとすれば、異民族を隷属させる政策をとっている国々に対してライヒが連帯感をいだくことができない正当な理由は、すでにその一点に存在している。そして、たとえいかなる事情があろうとも、ライヒが植民主義者たちを支援しようなどと考えてはならない理由についても、おなじである。

われわれはヨーロッパに対しては、ヨーロッパに応用できるモンロー・ドクトリンを宣言すべきであると思う。すなわち「ヨーロッパはヨーロッパ人に！」しかし同時にそれは、ヨーロッパ人は他の大陸の問題に介入してはならないということを意味している。

オーストラリアにおけるイギリスの罪人の子孫たちの運命は、われわれには関心外の問題である。たとえ、住民の密度を希望どおりに高めるためには彼らの生命力が不十分だとしても、彼らはわれわれドイツ人をあてにすべきではない。無人にもひとしい彼らの大陸が、アジアの、あふれ出るような出産力をひきつけているとしても、私はそれに反対ではない。

それは、彼らが自分たちで解決すればよい。いずれにしても、それはわれわれにとって心配のたねではない！

この日の戦況ならびにドイツの都市の運命について、特に一九四五年二月八日に報道された国防軍総司令部の発表は、つぎのように伝えている——

ブダペストの西部地区では、わが守備隊は優勢な敵軍に対してきわめて勇敢に抗戦をつづけている。西ベスキーデンの北方では、敵はザイブッシュとプレスのあいだで新たに攻撃を開始し、はじめのうちは拠点を手に入れたものの、わが部隊の反撃をうけて撃退された……。オーデル河畔のフュルステンベルクとキュストリンとのあいだの、敵のいくつかの小規模な橋頭堡をめぐって、はげしいたたかいが展開されている。シュナイデミュールおよびポーゼンのわが守備隊は、間断なくつづけられたソビエト軍の攻撃をもちこたえた。

ピューリッツおよびアルンスワルデの地区ではわが方の

フィリピン方面——

八日、第一騎兵師団はマニラ東方郊外で、第三七師団は市内で日本軍と激戦をつづけていた。九日には、第一一空挺師団も、マニラ市南東のニコルスおよびニールソン飛行場を攻撃した。

ビルマ方面——

九日、第二六インド師団はアラカン地域で、ラムリー島の占領を完了した。

部隊は、攻撃してくるボルシェビキ軍を迎撃し、機敏な反攻によって多くの失地を回復するとともに、三〇輛の敵戦車を撃破した……。ノーガト戦線ならびにエルビングに対して、敵ははげしい攻撃をかけてきた。わが空軍の編隊ならびに海軍の戦闘部隊は、困難にもめげず大きな戦果をおさめつつあるエルビングの勇敢なわが守備隊に有効な支援をあたえた。東プロイセンではきのうは、戦闘の中心はウォルムディットとハイルスベルクとのあいだ、ならびにクロイツブルク附近で展開された。わが方の戦線を分断しようとする敵の新たな試みは、わが部隊の頑強な抵抗にあって失敗におわった……。

西部戦線では、わが軍のルーア戦線前方における敵軍の攻撃準備は継続中である……。アメリカ軍はウルフト峡谷の堰の北方で局地的にわが方の戦線を突破したが、わが軍の機甲歩兵部隊の反撃によって突破口は封鎖されてもとの状態にもどった。シュネー＝アイフェルでは、はげしい戦闘の末、敵軍は突破口を多少ひろげることに成功した。ドイツ・ルクセンブルク国境におけるアメリカ第三軍の攻撃は、わが軍のあらゆる火器の集中砲火をうけて甚大な損害を被ったまま中断された……。モーゼル河畔のレーミヒでは、攻撃をかけてきた敵の数個大隊とのあいだで新たにはげしい戦闘が展開されている。フォルバッハとザールゲミュントとのあいだのザール橋頭堡では、主要な戦線は重要性の少ないわずかの地点をのぞいて、ふたたびわが軍の手に帰した。

サン・ナザーレの北東の戦線に加えられた夜間の強力な攻撃は、わが方の防禦砲火によって潰滅した。

北アメリカ空軍のテロ爆撃機はきのうの昼、ウィーンを攻撃した。イギリス空軍機の編隊は、ライヒの領域の西部方面の各地に爆弾を投下した。イギリス空軍は夜間、マグデブルクを攻撃するとともに、ふたたび西ドイツ地方の各地を爆撃した。わが防空戦闘部隊は、三三機のアングロ・アメリカ空軍機を撃墜した。その多くは四発の爆撃機である。

IV

フランコのスペインにおける金権支配の搾取亡者たちの政府——われわれは欺かれた——ラテン系国民の、とどまるところを知らぬ頽廃——われわれは落下傘降下部隊によってジブラルタルを占拠すべきであった。

一九四五年二月一〇日

私はたびたびこう自問した。すなわち一九四〇年にわれわれがスペインを今度の戦争にひきいれなかったのは、賢明なやり方だったのだろうか、と。そのためには、わずかな説得だけで事足りたであろう。なぜならば、根本的にみてフランコには、イタリアにつづいて勝者の列に加わること以上に渇望していたことはなかったからである。

もっともフランコ自身は、彼の参戦は高価な代償に値すると信じていた。しかし私としては、彼のジェズイットの義父の根気のよいサボタージュ工作にもかかわらず、彼は結局、理性的な条件で参戦に同意するであろうと思っていた。その条件とは、たとえば、彼の野心を満足させるためにフランスの一小部分と、彼の物質的な欲求のためにアルジェリアの相当の部分をあたえる約束である。しかしながらスペインは、われわれにとってすぐ役にたつような利益をもたらしてくれるものではなかったから、戦闘行為へのスペインの直接の介入は、私には望ましいものには思えなかった。もちろん、スペインの参戦によって、われわれはジブラルタルを占領することはできたであろう。しかしその結果われわれは、数百キロにおよぶ大西洋沿岸地帯――サン・セバスティアンからカディスまで――を防衛しなければならなくなることも確実である。そして加えるに、さらにもうひとつの可能性が結果として出てくる。すなわち、イギリスのスパイ組織によって準備された内戦の再発である。

それだけでなく、われわれはいままでに私の共感を得ることが最も少なかった政府と、生死をかけた同盟をむすぶことになったであろう。くそ坊主どもに手綱をにぎられた金権支配の搾取亡者たちの政府と！

スペインの内戦が終わった後、スペイン国民と融和をはかるすべを心得ていなかったこと、われわれがスペインのために行なった援助の功労者であるファランギスト〔スペインのあるファシスト・グループのメンバー〕たちを冷遇したこと、そしてかつての内戦で敵対した人びと――彼らの全部が全部、決して真の共産主義者ではなかった――を匪賊のように扱ったこと、以上の三つの点は、すべてフランコがおかした許すべからざる誤まりである。

一国の半分が無法にひとしい状態に放置された一方で、少数の搾取者たちが万人の利益に反して肥え太っている――しかも、くそ坊主どもの祝福をうけながら――というのでは、決して問題の解決にはならない。スペインの、いわゆる赤色分子なるものの中には共産主義者はきわめてわずかしかいなかったと私は確信している。

われわれは騙されたのだ。なぜならば、真実を知らされてさえいたならば、私は、餓える人びとを殲滅して、スペインの貴族や坊主どもをふたたび中世的な特権階級に仕立てあげるためにわれわれの飛行機を利用するなどということには、決して同意しなかったであろう。

端的にいえば、この戦争でわれわれのためにスペインがなしえた最上の貢献は、スペイン自身が立証してくれた。すなわち、イベリア半島が戦火にまきこまれずにいたことである。実際、われわれはこのイタリアのパートナーには、すでにさんざんに手を焼いてきた。スペインの兵士には、いかなるすぐれた点があるかは知らないが、まったく準備を欠いていて、しかも貧しいスペインは、われわれにとって役にたつよりも、むしろ足手まといとなったであろう。

私が思うに、この戦争は少なくとも一つのことを、疑問の余地がないほどはっきりと示してくれた。すなわちそれは、ラテン系国民の、とどまるところを知らぬ頽廃である。彼らには、もはやチャンスはない。したがって、世界の分割に際して口をさしはさむ権限も、もはやないということを、彼ら自身で永久に証明してくれたのである。

最も簡単な方法は、フランコの暗黙の了解のもとに、しかし戦争への彼の介入なしに、われわれの落下傘部隊だけでジブラルタルを占領してしまうことであったと思う。このことを口実にして、イギリスがスペインに宣戦を布告するようなことは、決してなかったであろう。スペインを宣戦布告なしの状態のままにしておくことは、チャーチルにとって最優先的に重要な問題であった。わが方としても、それによって、イギリス軍のポルトガル海岸上陸の危険を未然に避けることができたわけである。

この日の戦況ならびにドイツの各都市の運命について、特に一九四五年二月一一日に報道された国防軍総司令部の発表は、つぎのように伝えている——

ブダペストの城砦および要塞は、ひきつづきボルシェビキたちのあらゆる攻撃に対して持ちこたえた……。スロバキアでは、ロゾング——アルトゾール間の道路の両側、ならびに西ベスキーデンとラティボア近くのオーデル河とのあいだのソビエト軍の攻撃は、いずれも成果なく終わった……。橋頭堡ブリークの南部では、わが方の反撃によりグロットカウ附近のソビエト軍はさらに撃退された。ブレスラウ——リーグニッツ——グローガウ地域では、敵はブレスラウの西およびボーバー地区までの前進に成功した。リ

ビルマ方面——

二月一二日。マンダレーの西方で、第三三軍団の部隊はイラワジ河畔に橋頭堡を占領するために、第二次の戦闘を開始し、第二〇インド師団がミンムーに向かって前進した。南の方では、第四軍団がミチェとセイクビューでイラワジ河に達し、渡河を準備中であった。サルタン将軍の北方地域戦闘集団のイギリス軍、アメリカ軍部隊は、ラショーとチャウクメーに向かって南進中であったが、シュベリ河付近での激

ーグニッツは、はげしい戦闘の末、敵の手に帰した。フュルステンベルクおよびオーデルブルーホのあいだでは、わが方の部隊は反撃により敵の橋頭堡をさらに圧縮した。

ポンメルンの南部では、戦車に支援されたボルシェビキたちの攻撃はシュタルガルトの南で食い止められた。ドイチェ＝クローネの両側およびシュヴェッツの北西では、ソビエト軍は突入に成功した。これに反して、グラウデンツの南西では、彼らの攻撃は失敗に終わった……。東プロイセンでは、ヴォルムディット付近ならびにその東においてボルシェビキたちの新たな攻撃は粉砕された。ケーニヒスベルクの南西方面では、ハフ・シュトラーセに対する敵の圧力はつづいている……。

ニーダーラインとマース河とのあいだの防禦戦においてわが軍の部隊は、敵の突破作戦をことごとく阻止した……。敵の戦車部隊の一つは、はげしい戦闘の後、クレーヴェの西側への突入に成功した。ルーア河の上流では、わが軍の部隊は河の東岸に新しい陣地を構築した。プリュームの地区で新たに攻撃をかけてきたアメリカ軍の部隊は、わずかしい戦闘のために、前進が阻止されていた。

フィリピン方面――

アメリカ第一一軍団は、いまやバターン半島の首の部分を確保し、そこから日本軍を掃討するために半島の南部に向かって進出を始めた。

なおこの間、一〇日にはB29一二〇機が関東地方を空襲した。

な土地を確保しただけでふたたび食い止められた。市内ではすでにはげしい市街戦が展開されている。事前に猛烈な砲撃を行なった後に、敵はザウアー河の橋頭堡をわずかに拡大するとともに、煙幕の助けをかりてエヒテルンアハの北方において、河を見下ろす高地の占拠に成功した……。

中部イタリアでは、リグーリャ河の沿岸およびセルジオ東方の高地をめぐって局地戦がつづいている……。

ミュンスターラントの各地は、きょうの日中、北アメリカ空軍のテロ爆撃機の攻撃目標となった。低空攻撃機は、爆弾および機銃掃射をもって住民に攻撃を加えた、特に西ドイツおよび南西ドイツにおいて。昨夜、イギリス空軍機は北西ドイツの地域に爆撃を加えた。

ロンドンはきのうも、わが方の報復射撃のもとにさらされた。

V

ユダヤ人と反ユダヤ人主義。ユダヤ人はけっして同化されない――国家社会主義はユダヤ人問題を徹底的にとらえた――ユダヤ人の決意は、すべてのものを危険にさらすことである――私は世界に目をひらかせた――ユダヤ人は反ユダヤ人主義の温床――ほかの偉大なる人種との理解の前提としての、自己の人種に対する誇り――国家社会主義とプロイセン精神との親近性――ドイツ系オーストリア国民の経験――近代的ドイツ人の型――ユダヤ人種なるものは存在しない――信じやすいドイツ国民の性格――私は正々堂々と自分の意図をあきらかにしてユダヤ人を攻撃している――未来の感謝

一九四五年二月一三日

初めてユダヤ人問題を現実的にとりあげたのは、国家社会主義の功績である。

ユダヤ人は、反ユダヤ人主義が出てくる原因を、いつもみずからつくった。何百年ものあいだ、エジプト人からわれわれドイツ人にいたるまで、ユダヤ人以外の民族はすべておなじやり方で反応

を示している。すなわち、これらの民族は、ユダヤ人の詐欺師による搾取のために疲れきってしまうときがやってくる。やがて搾取された人びとは、身体中の害虫をふるいおとそうとして、怒りにもだえるようになる。彼らは、しだいにはげしく反応し、やがて怒りが爆発する。

これは、一種の本能的な反撃反応である。すなわち、自分は順応せずに同化に反抗し、自分は閉鎖的になるくせに、他人には強制的で利用ばかりしようとする異邦人に対する嫌悪の反応である。

ユダヤ人はその本質からいって、同化することもできないし、また同化しようともしない異邦人である。この点で、ユダヤ人はほかのすべての外国人とちがっている。すなわち、彼は国家という共同体の一員として権利は要求するが、しかしあくまでもユダヤ人であることは変わらない。彼は、このような二重の役割を演じることは彼にとって当然の権利と考えており、したがってこの恥知らずな点では事実、世界でも他に例がない。

国家社会主義は、ユダヤ人問題を根底からとらえるとともに、それを事実という根拠にもとづいて追及した。国家社会主義は、世界支配をもくろむユダヤ人の意図を曝露し、その意図をとことんまで、かつ徹底的に追及するとともに、ユダヤ人が支配していたすべての枢要の地位から彼らを追放した。その追放は、ドイツ国民の生命圏からユダヤ人の害毒を一掃するという、不退転の意志によっておこなわれた。

この行動の中心的な課題は、われわれにとって生きるために必要な、しかも最後の瞬間に実施されたラディカルな解毒療法であり、これが実行されなかったならば、われわれはみじめにも滅亡の道をたどっていたであろう。

ドイツにおけるこの措置が効果をあげたとすれば、それが手本となって他に波及することは火を見るよりも明らかである。このことは、自然の成りゆきからいっても期待さるべきであろう。なぜならば、健康なるものが病めるものに勝つというのは、自然すぎるほど自然なことだからである。

ユダヤ人はこの危険によく気づいており、したがって彼らはあらゆる危険をもかえりみず、生死をかけた戦いをわれわれに対していどむ決意をかためている。彼らは、いかなる犠牲を払っても、国家社会主義を粉砕せずにはおかないであろう、しかも、たとえそのために世界が亡びようとも。いまだかつて、このたびの戦争ほど完全に、そして徹底してユダヤ人に対する戦争だった戦争はなかった。

私は、いずれにしても世界のユダヤ人に対して、その仮面を脱がざるをえないように仕向けた。そして、たとえわれわれのこの努力が失敗したとしても、それは単なる一時的な失敗にすぎないであろう。なぜならば、私はユダヤ人の危険について世界の目をひらかせたからである。

われわれの行動は、ユダヤ人をして攻撃的にならざるをえないようにした。この形態をとったとき、ユダヤ人は、狡猾な小心者のベールをかぶったときよりも危険ではない。私には、ユダヤ人種であることを堂々と示したユダヤ人の方が、われわれとは信仰だけがちがっていて、そのほかの点ではおなじ人間であるかのようなふりをするユダヤ人よりも、一〇〇倍も好ましい。

もしも私がこの戦争に勝ったら、そのときこそ私はユダヤ人の世界帝国に最後を宣告し、息の根をとめるためにとどめを刺してやる。もしも私がこの戦争に敗れるとしても、それでもユダヤ人の勝利の凱歌は、まだけっして正当なものではない。なぜならば、ユダヤ人は、私の敗北によって我をわすれ、そのために理性を失なってしまうであろうから。彼らの思いあがりはその頂点に達し、その結果、ふたたびみずから自分の墓穴を掘ることになるであろう。もちろん彼らは、選ばれた民の子であるという思いあがりは捨てることなく、あらゆる国々において完全な市民権を要求することによって、彼らの二重の役割をつづけてゆくであろう。

しかしながら、巧言を得意とするユダヤ人がその目的を十二分に達してしまったときには、それにかわって勝利を確信したユダヤ人が登場してくるであろう——少なくとも前者と同様に——前者以上ではないとしても——うすぎたなくて、いやな臭いを発散させながら。その結果、反ユダヤ人主義が死滅することはない。すなわち、ユダヤ人自身がたえず反ユダヤ人主義の温床となり、そしてその火をあおりたてるのである。

反抗が止むためには、まずその原因がなくならなければならないだろう。少なくともこの点については、人びとはユダヤ人について、つぎのことを信用してよい。すなわち、反ユダヤ人主義は、ユダヤ人が消えてなくなるとともに初めてこの世界から消えてなくなるであろう。

人種的な誇りの感情などには拘束されはしないと思っている人でも、ほかの人種との混血を歓迎する人種などはいないということを信ずべきである。異人種間の体系的な混血は、いくつかの偶然的な好結果まで否定するものではないが、一般的によい結果を生んだことはない。ある人種がみずからの純潔を守ろうとするとき、その人種はそれによってまさに自己の生命力と生の意志とを証明している。だれもが自己の人種に誇りをもっていることは、私から見ればノーマルである以外のなにものでもないが、しかしそれは、だからその人間はほかの人種を軽蔑していいという意味ではけっしてない。

私は、たとえば中国人あるいは日本人が人種として劣等だなどと思ったことは一度もない。両方とも古い文化をもった国民であり、そして私としては、彼らの伝統の方がわれわれのそれよりも優っていることを認めるのにやぶさかではない。彼らには、それを誇りに思うべき、りっぱな根拠がある。ちょうどわれわれが、われわれが属している文化圏に誇りをもっているように。それどころか私は、中国人や日本人が彼らの人種的な誇りを堅持していてくれればくれるほど、彼らと理解しあうことが私にとってますます容易になるとさえ信じている。

ある人種への帰属にもとづいた誇りというものを、ドイツ人は、根本的にいって知らなかった。それは、国内の分裂にあけくれた過去の三〇〇年、宗教戦争、外国の影響、キリスト教の作用などによって説明される――キリスト教は、ゲルマン人の性格から生まれた神の信仰ではなくて、他から強制された、ゲルマン人の本質に矛盾する宗教である。人種的な誇りは、それがドイツ人を通してあらわれ、しかも攻撃的な形をとる場合、それは多数のドイツ人に見られる、劣等感に対する均衡のための反応にすぎない。

もちろん、このことはプロイセン人とは関係がない。プロイセン人は、フリードリヒ大王の時代以後、わざわざ自信をひけらかす必要のない人間だけがもつ、静かな優越性を身につけたからである。この特別な固有の性格のおかげで、プロイセン人にはドイツ統一を達成する能力があったことが立証されている。国家社会主義は、いままでプロイセン人にのみ固有のものであったこの誇るべき優越性を、すべてのドイツ人にあたえたのである。

オストマルク〔オーストリア〕の人びとも、プロイセン人のように、その血の中に彼らの民族的な誇りをもっている。それは、彼らが何百年ものあいだ、かつて外国の支配をうけたことがなかったばかりか、その反対に他の国民に命令し、それによって他を服従させるすべを身につけていたからである。ドイツ系オーストリア人たちは、支配と権力の行使の方法について彼らの経験をあつめていた。この点に彼らの、なんぴとも疑う余地のない、世故に長じた国民性の基礎を見ることができる。

国家社会主義は、坩堝の中におけるように、ドイツ人のたましいのあらゆる特性を純粋な形で生み出すであろう。現代的なドイツ人の原型は、つぎの諸特性から出てくるであろう。すなわち、勤勉、誠実、自信があってしかも単純、個人としての自己に対してではなくて、世界から感嘆されるような偉大なる共同体の成員としての自己に対する誇り。このドイツ人の優越感は、ほかの国民に対する軽蔑感を前提としたものでは決してない。

われわれは時おり、この感情を、意識的にいくぶん過大に評価してきた。なぜならばわれわれは、ドイツ国民に手っとり早く正しい道を教えるためには、最初はこの感情が駆動力として必要であると考えたからである。

一方の側だけを過大にあつかうことは、いうまでもなく、ほとんどつねに反対の側への反動をまねく結果となる。しかし、これらすべてのことは一朝一夕にできあがることではない。そのためには、時の力をかりなければならない。

フリードリヒ大王は、プロイセン人の原型をつくりあげた真の創始者である。このプロイセン人の原型を血肉化するために、すなわちプロイセン的な生きざまを、どのプロイセン人にも生まれながらに具わった特性にするためには、二世代あるいは三世代が必要であった。

われわれがもっている北方的な人種意識は、ユダヤ人種に対してのみ攻撃的である。ここでわれわれがユダヤ人種という言い方をしているのは、単に言葉の上での便宜主義からである。なぜならば、語の本来の意味からして、そしてまた遺伝学の立場からいって、ユダヤ人種なるものは存在しない。

諸般の事情からみて、われわれには否応なしにこのような定義づけが必要である。なぜならば、人種的および精神的に一致団結している一つのグループが存在し、各自がもっている旅券に記された国籍が何であろうと、そんなことはまったくおかまいなしに、世界中のユダヤ人がこのグループに帰属しているというのが現実だからである。この人間のグループを名づけて、われわれはユダヤ人種と称しているのである。

彼らには時おりヘブライの宗教が表看板の役割をつとめてはいるが、しかしそれは宗教的な、共同の信仰の告白によって基礎づけられた共同体とは、まったく関係のないものである。

ユダヤ人種は、わけても精神の共同体である。その根底にヘブライの宗教があり、そしてたとえ部分的にはこの宗教によって形成されたとしても、にもかかわらずユダヤ人種はその本質において、純粋に宗教的な種類のものではない。なぜならば、その中には明白な無神論者も、敬虔なる信心家も、おなじように入っているからである。そのほかにも、何世紀にもわたってうけた迫害の結果から生まれた一種の運命結合体の意識が加わっているが、しかしこの迫害は、例外なくユダヤ人みずからが招いたものだということを、彼らはいつも見落とすとともに、忘れている。

もっとも、人類学的にはユダヤ人は、単一の人種としての特徴をしめす共通の指標をもってはいない。にもかかわらず、疑いもなくどのユダヤ人も、われわれが特にユダヤ人の血と名づけているものの数滴を、彼らの血管の中にもっている。さもなければ、彼らのある種の肉体的な指標の不変性、すなわちユダヤ人だけに特有のもので、しかもたとえば東方のユダヤ人やスパニオーレとよばれているユダヤ人のように、きわめて異なった種類のユダヤ人のあいだでも間違いなく見られる指標の不変性を説明することはできないであろう──突き出た鼻と、悪徳の特徴をものがたるような鼻の穴。主としてゲットーで暮らすという、何世代にもわたってつねにおなじ彼らの生存の様式によって、以上に述べたことを説明するのは、まず不可能である。

精神的な人種は、自然的な人種よりも抵抗力がつよくて持続性がある。ドイツ人を合衆国へ移住させると、彼らはまもなくアメリカ人になってしまう。ユダヤ人は、どこへ移って行こうと、ユダヤ人であることを変えない。彼らはその天性からいって、他への同化をゆるさない人間である。そして、非同化性というこの指標こそ、ユダヤ人種か否かを決定するものであるが、われわれにとっては、肉体に対する〝精神〟の優越性の悲しむべき証明といわざるをえない！

一九世紀のあいだに起こったユダヤ人の急激な興隆は、彼らに自己の力を感じさせるとともに、その仮面をずらして正体を見せるように誘惑した。それは、われわれにとっては幸いであった。なぜならば、挑発的な誇りをもってユダヤ人であることをみずから宣伝している今こそ、われわれは彼らを打ち負かすことができたのである。ドイツ国民の信じやすい性格を考えると、われわれとしては、われわれにとっては最悪の、天を倶にいただかざるの敵が、このような〝誠実さ〟という発作におそわれたことは、ご同慶のいたりというほかはない。

私はユダヤ人に対しては、公然と目的をかかげてたたかった。私は開戦にあたって、彼らに最後の警告を発した。彼らが世界をふたたび戦争に突入させようとするならば、今度こそはただではすまないぞ――ヨーロッパの害虫は徹底的に撲滅されるであろうということを、私はあいまいなままにはしておかなかった。

彼らは私のこの警告に対して、新たな挑発をもって答えて、こう宣告した――どこにどんなユダヤ人がいて、それがただの一人であろうとも、それは同時に、国家社会主義と、したがってライヒにとって不倶戴天の敵が一人存在していることを意味するのだ、と。

ユダヤ人という腫瘍は、私が切開した――他の腫瘍のように。未来の人びとはわれわれに対して、永遠に感謝を忘れないであろう。

一九四五年二月一四日の国防軍総司令部発表の戦況そのほかの報道から――

スロバキアでは、強力な敵の攻撃は熾烈な山岳戦において撃退された……。

ブレスラウ南西部の地域では、敵軍は新たに増強された兵力を戦闘に投入した。国民突撃隊および非常部隊を加えたわが軍の頑強なる抗戦にもかかわらず、ニーダーシュレジエンの敵軍は西方および北西方面への進出に成功した。激烈なたたかいのすえ、ブンツラウは敵軍の手に落ちた。ゾーラウでは戦闘がつづいている。グローガウの要塞に対する何回にもわたる敵軍の攻撃は、守備隊によって撃退された。ポンメルン南方で行なわれたソビエト軍の攻撃は失敗におわった。アルンスワルデ、シュナイデミュールおよびポーゼンを守備して頑強にたたかっているわが方の部隊は、敵のはげしい攻撃をよくもちこたえた。西プロイセン

フィリピン方面――

一三日、アメリカ海軍はマニラ湾で作戦を開始し、掃海および海岸に対する砲撃を始めた。コレヒドール島を砲撃した。陸上では第一一空挺師団がキャビテを占領し、ニコルス基地の占領を完了した。

ビルマ方面――

一三日、第二〇インド師団は、今やはげしい日本軍の攻撃にもかかわらず、イラワジ河畔に確固とした橋頭堡を手中にした。

一四日、第四軍団の第七インド師団は、ムヤウング付近でイラワジ河の渡河を開始した。日本軍の抵抗はわずか

の西の地区では、ボルシェビキの部隊は新たに兵力を増強した後、コーニッツおよびトゥーヘル地域への突破の試みを継続中である。ここでは、はげしい攻防戦がつづいている……。

わが軍はきのう、ゲネップの南東、ニーダーラインとマース河のあいだにおいて、防禦で大きな成果をおさめた。わが部隊は、攻撃してくるイギリス軍の大部隊を、あるいは撃破し、あるいは反撃を加えて撃退した。ルーア河の洪水によってアメリカ軍は再編成を余儀なくされたが、これに対してわが軍の砲兵部隊ははげしい砲撃を加えている。ふたたび敵軍が進入してきたプリュームの市街では、はげしい戦闘がつづいている。ザウエル河の沿岸ではわが軍の部隊はきのうも、ワレンドルフとエヒテルンアハのあいだの橋頭堡から攻撃してくる敵軍に対して、はげしい防禦戦をつづけた。

そのほかの西部戦線では、ザールラウテルンのそばで両軍の小戦闘部隊同士のたたかいと、エルザス・ロートリンゲンの各戦線における砲撃戦の激化が報告されている

であった。日本軍部隊の大部分は、マンダレーを防禦するために撤収されていた。マンダレーの北で、第一九インド師団は、防禦軍の努力にもかかわらず、シングーを取った。

……。

クロアチアでは、モスタール地域において敵軍の圧力が強化された。そのほかの戦線ではわが軍の掃討戦がつづいている。

アングロ・アメリカ空軍の低空攻撃機および爆撃機はきのうの日中、オーバーラインおよび中部ライン地域ならびにミュンスター地方の地区を攻撃した。北アメリカ空軍のテロ爆撃機は、南東ドイツの都市に爆弾を投下した。特にウィーンでは、住宅地区と文化建造物に被害が生じた。イギリス空軍は昨夜、ドレスデンの市街地にテロ攻撃を加えた。わが方の防空隊によってアングロ・アメリカ空軍はきのう、三七機を失なった。そのうち一五機は四発の爆撃機である。ロンドンに対する報復のロケット攻撃はつづけられている。アントワープ地域も、たえずわが軍の長距離砲の砲撃の下にさらされている。

さきごろから吸排気管〔シュノーケル〕を装備したわが海軍の潜水艦は、この新しい装備のおかげでイギリスの沿岸海域ならびに遠い大西洋において不眠不休のきびしい出撃により、八隻の船舶、合計五一、〇〇〇排水トンを撃沈した。

VI

早すぎるし、おそすぎる——時はわれわれにさからって動いている——われわれの将軍たちとわれわれの外交官連中は、無能とサボタージュの代名詞——われわれのフランス政策は無意味であった——われわれはフランスの労働者を解放するとともに、植民地における反乱分子を力づけてやるべきであった——ウィルヘルム・シュトラーセにはウィルヘルム時代の精神が生きている——『マイン・カンプ（わが闘争）』の中で、私は間違っていなかった

一九四五年二月一四日

ドイツにとって戦争の勃発が早すぎたと同時に、その反面いささか遅すぎたことは、この戦争におけるわれわれの宿命である。軍備の立場からいえば、もしもこの戦争が一年早くはじまっていたら、それはわれわれの利益になっていたであろう。私は自分の方からすでに一九三八年に、その決

心を固めておくべきであった。そして、いずれにせよ戦争は不可避的であった以上、一九三九年になってから戦争への決意を無理強いの形で押しつけらるべきではなかった。しかしながら、イギリスとフランスとがミュンヘン会談で私の条件をことごとく受諾したことは、私の責任ではなかった。

こういうわけで、一方では戦争がはじまったのは遅すぎた。しかしながら、われわれの道徳的武装の点からいえば、それはあまりに早すぎたのである。人びとを私の政策にかなったように教育するためには、私には残り時間がなかった。新しい、国家社会主義的なエリートを育てあげるためには、私は二〇年を必要としたであろう。若い、子どものころからわれわれの理論を血肉にして育った人びとのエリートを、である。

われわれが充分な時間をもったことが一度もないということは、ドイツ国民の悲劇である。いつもわれわれは、状況のさまざまな関係によって追い立てられている。そして、もしも実際にわれわれが、そのように時間の重圧をうけているとすれば、その理由は、われわれには空間がないということである。

際限なく広大な空間に住むロシア人には、時期を待つことが可能である。時《とき》は、彼らのために働いてくれる。しかし、時《とき》はわれわれのためには働いてくれない。そして、たとえ神の摂理が私に長い命をあたえてくれて、ドイツ国民にふさわしい陽のあたる場所にドイツを導いて行かせようとしても、敵どもはそれを許さなかったにちがいないと、私は確信している。国家社会主義的な感情と理性とを身につけて、同一の信念のもとにゆるぎなく団結した不敗のドイツが生まれてくる前に、彼らはわれわれを殲滅してしまおうとしたであろう。

われわれの頭にうかんでいるようなエリートが不足しているあいだは、われわれは現存する人材で満足しなければならなかった。成果を見てみれば、そのことがわかる！

精神上の立案と、実践的に可能な現実とが一致しないために、第三ライヒのような革命的な国家の戦争政策から必然的に出てきたのは、反動的な俗物どもの政策であった。われわれの将軍たちと外交官連中は、わずかな例外をのぞけば、きのうの男たちで、やっている戦争にしても、おなじく政治にしても、過去の時代のものである。それは、誠実な人びとにも、そうでない人びとにも、同様にあてはまる。一方の連中は、無能もしくは感動の不足から役にたたず、他方の連中はまったく意図的にさぼっている。

われわれのフランス政策は、完全に無意味であった。決して彼らとは協力すべきではなかった。協力はフランスにとっては有利であったが、われわれにとっては不利であった。

アベッツ〔駐仏ドイツ大使〕は、和解政策の先駆者を気取って、われわれのフランス政策をその方向に引っぱって行ったとき、自分では他のだれよりも知恵者だと思っていた。自分では出来事の先手を取っていると錯覚して、実際には、その後に跛行しながらくっついていたのである。彼はナポレオン時代のフランスを夢見ていた。すなわち敗戦国民に対する寛大な扱いの代償としてなすべき義務の価値を知り、そしてその価値を認める能力をそなえていたフランス国民を夢見ていたのである。

彼は、フランスがこの一〇〇年のあいだに別の相貌を呈してしまった、すなわち娼婦の相貌を呈してしまったという事実を見落とすとともに、認識していない。そして、この落ちぶれた高級淫売婦によって、われわれはたえず騙されてきた。馬鹿者のように扱われてきた。しかも、そうやって彼らがわれわれを笑いものにしてきたことに、われわれ自身は気づかなかったのである。

われわれの使命は、フランスの労働者を解放し、革命をかちとるために彼らを助けることであったと思う。必要なのは、動脈硬化したブルジョアジー、この心と祖国とを喪失した連中を一掃することであった。しかしながら、ウィルヘルム・シュトラーセのわれわれのえらい外交官たちは、フランスにいかなる友人たちを見つけたというのだろうか？　せいぜい勘定高い小人どもである。彼らは、われわれがフランスを占領したのは彼らの金庫を守るためだと考えた末、われわれをちやほやしようという気になった連中であり、しかも好機が到来して、裏切っても罰せられるおそれがなさそうに思われたら、真っ先にわれわれを裏切ろうと決心している連中である！

それに劣らずお人好しなのは、フランスの植民地におけるわれわれの態度であった。ここでも、ウィルヘルム・シュトラーセのわれわれの偉大なる天才連中は、雀《すずめ》百まで踊りを忘れず、であった！　正真正銘の古典的外交官たち、旧態依然たる軍人たち、そしてエルベの東の田舎の名士たち。この連中が、ヨーロッパ的規模の革命のための、われわれの助っ人たちであった！　彼らは前世紀の作戦計画を頭の中に描いて、頑としてゆずらなかった。

その際われわれとしては、フランスの桎梏を担った国民たちを敵にするフランスのお遊びとは、どんなことがあろうと行動をともにしてはならなかった。われわれは彼らに対して、反対にその桎梏から解放されるために援助の手をさしのべるべきであった。われわれはもしも必要とあれば、そのために彼らを扇動さえすべきであった。

一九四〇年、このような行動に出るためには、近東においても、北アフリカの場合と同様、われわれを妨げるものは何もなかった。われわれの外交官たちはその間、シリア、チュニジア、アルジェリアおよびモロッコにおけるフランスの権力を固めることに熱を入れはじめた。われわれの騎士道精神あふれる政治家たちは、反乱分子の友情にこたえるかわりに、エレガントなフランス人との社交関係の方を大切にあつかった。彼らは、われわれにとって忠実な同盟国としてとどまってくれたにちがいないアラブ人よりも、ステッキを振りながら散歩する植民地の将校連中と朝食をともにすることを好んだ——これらの将校連中は、騙すことと裏切ることしか考えていなかったのに。

ところで私は、これらの、狡猾を職業としているような連中〔外交官たち〕の思惑をくわしく知っている。彼らは彼らの職業を心得ているし、そしてそのお手本をもっている。彼らは、そのお手本にならって、イギリス人に強力に一発お見舞してやることばかり考えていた。なぜならば、彼らにとって存在しているのは、依然として、とっくの昔に克服された時代、すなわちフランスとイギリスとのあいだに伝統的な植民地的な敵対関係が存在していたあの時代である。つまり、私が言おうとしているのは、彼らは精神の中ではウィルヘルム時代に、ビクトリア女王の世界に、ポアンカレやデルカセのような狐どもの時代に生きているということだ！

しかしこの敵対関係は表面に存在しているだけで、深くには達していない。すなわち、この敵対関係には、実際よりも外見だけの方がはるかに多いが、それは、われわれの敵のところにも古い型の外交官がまだいる、というだけの理由によるものである。

実践および最終の効果では、イギリスとフランスとはいわば商売上のパートナーであり、どちらも熱心に自分の方の目標を追及するとともに、双方とも同盟関係を損うことなどおそれはしない。しかし、危機に直面したときには、つねに一致した行動をとる。ドイツ人に対するフランス人の血肉の中にしみこんだ憎悪は、もっとはるかに根が深い。ここから、われわれは将来のために帰結を引き出さなければならない。

フランスに関していえば、可能性は二つしかない。おそらくフランスは、連合国のイギリスを実際に見捨てるつもりだったのかもしれない。このような場合、フランスは同盟国としての可能性からいって、われわれにとってまったく価値がなかった。なぜならばフランスは、最初の好機をつかんでわれわれをも見捨てるであろうことは、予見できたからである。

あるいはフランスは、単にカムフラージュした立場の変更を謀略として実行したのかもしれない。そうだとすれば、われわれとしては、なおさら注意しなければならなかったわけである。それなのにわれわれの側では、この国について、まったく笑止千万な希望的期待をよせている。しかしながら、相手の側にあるものは、本当のところ理性的な処方箋だけ、すなわち氷のように冷静な不信の政策だけである。

私は、フランスに関する私の考えがまちがっていなかったことを知っている。私は『わが闘争』の中で、ひとびとがこの国について何を期待すべきかを、はっきりした先見の明をもって述べておいた。そして、あらゆる思考の変遷にもかかわらず、私が二〇年前にうちだした確信についていささかの変更も必要と考えなかったのはなぜか、私にはよくわかっていたのである。

この日の戦況ならびにドイツの各都市の運命について、特に一九四五年二月一五日に報道された国防軍総司令部の発表は、つぎのように伝えている——

ブダペストが完全に包囲された後、同市の守備隊はほとんど五〇日のあいだ、激烈をきわめた敵の攻撃をもちこたえるとともに、はるかに優勢なソビエト軍部隊をくぎづけにした。しかし、弾薬と糧食がつきたいま、勇敢なドイツとハンガリーの守備隊は命令に従って包囲の環を突破、脱出した。最初の脱出部隊はすでにブダペスト西方のわが戦線に到達した。プラッテンゼーとサールヴィス運河のあいだでは、二月九日に敵軍が歩兵九個師団および機甲一個旅団の兵力をもって完成した突破口は、数日間にわたるわが

フィリピン方面——

一五日、第一一軍団の一個連隊がバターン半島の南端に上陸し、軍団の作戦を支援した。マニラの激戦はつづいていた。

翌一六日、アメリカ軍の一個大隊が海上から、ほかの一個大隊が空中降下で、コレヒドール島に上陸した。上陸は成功したが、すぐはげしい戦闘がトンネルおよび砲台付近で始まった。増援部隊がすぐ送られた。ルソン作戦が始まってから、三二〇〇トンの爆弾を

方の戦車の戦闘によって取り除かれた。
　ニーダーシュレジエン、ならびにブレスラウおよびグローガウに新たに構築した封鎖のための戦線においても、わが軍の部隊は、ボルシェビキたちの強力な攻撃を激戦のすえ撃退した。シュトリーガウ附近、ブンツラウの北西およびザーガン北方では、敵はわが方の反撃によって撃退された。オーデル河の湾曲点では、ソビエト軍はグリューンベルクまで進出に成功した……。ポンメルンの南部においては、わが戦線の前方の拠点にあたるアルンスワルデおよびメルキッシュ＝フリードラントは、ボルシェビキ軍のはげしい攻撃に対して持ちこたえた。ポーゼンの市街地区では、はげしい市内戦が展開されている。西プロイセンでは、ボルシェビキどもはコーニッツとグラウデンツのあいだで彼らの突破作戦を継続中である。その突破作戦は、はげしい戦闘の中でわが軍によって四〇台の敵戦車が撃破された後、食い止められた。東プロイセンでは、ブラウンスベルクおよびツィンテンの両側における敵の攻撃は成果なく終わった……。

コレヒドール島に投下した。

ニーダーラインとマースとのあいだの戦線では、わが部隊はきのうも、おびただしい物量を動員して行なわれたイギリス軍の攻撃をことごとく粉砕した……。プリューム市の市街地では、はげしい戦闘がつづいている。ザウアー河下流の橋頭堡を拠点にして北へ進撃しようとしたアメリカ軍の新たな試みは、失敗に帰した。しかし、戦闘はまだつづいている。ザールラウテルンとライン河のあいだでは、数多くの敵の進撃のこころみは失敗に終わった。

ウェストファーレン地帯では、わが山岳兵部隊は仏伊国境で有効な作戦をおこない、敵兵を捕虜にした。

特殊な任務をもったわが軍の小戦闘部隊は、ボロニア南方の山中で敵基地の守備隊を殲滅するとともに、同時に多数の敵兵を捕虜にした。フレンツェの北東でイギリス軍はたびたび攻撃をこころみたが、わが軍の防御砲火により甚大な損害をうけて潰滅した。

ヘルツェゴヴィナでは、優勢な敵の部隊は激しい戦闘の後、モスタールへの侵入に成功した。ドゥリーナ下流の西岸では、数日以来同地で激戦をつづけているわが軍は敵の抵抗を撃破して、北へ向かって快速な進撃をつづけている。

ザクセン地域をふくむ中部ドイツ、ミュンスターラントおよび南東ドイツは昼も夜も、アングロ・アメリカ空軍のテロ爆撃機の攻撃目標にされた。多くの攻撃をうけて、ケムニッツ市は特にひどく破壊された。特にマグデブルクおよびふたたびドレスデンでは、住宅地区に広範な被害が生じた。ドレスデンでは、かけがえのない建造物や芸術上の記念物が破壊された。空軍および海軍の防空部隊は、五九機の敵機を撃墜した。そのほとんど全部は四発の爆撃機である。

ロンドンに対する報復射撃はつづけられている。

VII

この戦争の最も重大な決意——イギリスとの和平には赤軍の殲滅が前提であった——イギリスに勝つための唯一のチャンス——イタリア軍のギリシア遠征——モロトフが発ったつぎの日

一九四五年二月一五日

この戦争の最も重大な決意は、私にとってはロシアに対する攻撃命令であった。私はつねに、ドイツは断じて二面作戦の戦争をやってはならないと考えていた。そして、私が他のだれよりも多くナポレオンのロシア遠征の経験についてまなび、かつ検討を重ねてきたことは、なんぴともゆめ疑ってはならない。では、それならばなぜロシアに対するこの戦争が？　なぜ私が決めた時期に？

西部戦線での戦争をイギリス本国への上陸作戦によって終結させる望みは、われわれにはもはやなかった。馬鹿者どもに指導されたこの国〔イギリス〕は、心の髄からライヒに敵意をいだく力〔ソビエト〕がヨーロッパの中にまだ無傷のまま残っているかぎり、われわれの指導者としての役割をみとめて、誠意ある平和条約をむすぶことにはいつまでも反対したであろう。そのために、戦争は際限なく長びいたにちがいない。それは、背後でアメリカがますます介入の度を深めつつあった戦争である。

アメリカの人的および物的な潜在的資源という最も重要な因子、絶え間なく進歩増大する戦争の技術と新兵器――敵の場合にも、われわれの側においても――、脅威を感じるほど近いイギリスの海岸、これらすべての要素は、われわれに対して、あらゆる手段をもちいて、是が非でも戦争の長期化を阻止することをせまった。

イギリスを否応なしに和平に同意させるための唯一の手段は、赤軍を殲滅することによって、ヨーロッパ大陸にはドイツに拮抗できる国が存在するという望みをイギリスから奪ってしまうことであった。われわれには、ロシアというこの決定的な因子を勢力拮抗の場であるヨーロッパから抹殺するよりほかに、選択の余地は残されていなかった。

これについては、第二の同様に明白な根拠が存在していた。この第二の根拠は、それだけでもすでに十二分の説得力をもったものであった。すなわちその根拠とは、単にボルシェビズムが存在しているだけで、それによって生ずる潜在的な危険のことである。ボルシェビズムの側からの攻撃は、いつの日か、公然と、否応なしに起こったにちがいない。

われわれにとってロシアに勝つための唯一のチャンスは、相手の攻撃の機先を制することであった。なぜならば、ロシアを相手に防御戦を行なうことは、われわれには問題外であった。いかなることがあっても、われわれは赤軍に対して地形上の利点を利用させてはならなかった。すなわち、われわれのアウトバーン（高速自動車道路）を赤軍の戦車の進撃のために、われわれの鉄道を彼らの部隊と物資の輸送のために使わせてはならなかった。

われわれが好機を逸せずに決意を行動に移しさえすれば、われわれはボルシェビキどもを彼らの森の中で、沼地で、そして湿地帯で撃破することができた——しかしながら、われわれの土地のように、交通機関のために開発された地形の上で決してそれを行なうべきではなかった。攻撃されるまで待つということは、敵に対してヨーロッパへの跳躍台をととのえてやることであった。

なぜ一九四一年か？　西部戦線のわれわれの敵軍がたえず軍備を増強していたために、必要な時間以上、たとえ一秒でも余分に待つことはできなかったからである。ところで、スターリンの方でも、決して無為に時を過ごしていたわけではない。つまり、両方の戦線において、時はわれわれにとって不利に経過していたのである。

したがって、問いは「なぜ、早くもすでに六月二二日に?」ではなくて、「なぜ、それ以前にできなかったのか?」である。

イタリア軍の馬鹿げたギリシア遠征によってひきおこされた困難な事態さえなかったならば、事実、私はロシアに対する攻撃を、すでに数週間前に始めていたであろう。問題は、その間、なんとかロシア軍を待たせておくことであった。そして、この最後の何週間かのあいだ、私にとってたえず気がかりだったのは、スターリンは私の機先を制するかもしれない、ということであった。

まだほかにも懸念の根拠があった。それは、ロシアにはわれわれにとって必要不可欠な原料があった、ということである。締結された条約上の義務があったにもかかわらず、ロシア人は約束した供給をひきのばした。そして、ある日突然、供給が停止されることだってありえたのである。ロシア人がわれわれに好意的に供給してくれる気持がない物は、われわれがみずからその場所へ取りに行くよりほかはなかった。

私は一一月のモロトフのベルリン訪問の直後、ただちに決意をかためた。なぜならば、私はこの瞬間から、つぎのことを知ったからである。すなわち、晩かれ早かれスターリンはわれわれと袂を分かって、連合国の陣営に加わるであろう、と。

わが方の軍備がもっとよくととのうまで、私はさらに待つべきだったのであろうか? 否。なぜならば、そのときには、われわれは行動の法則を放棄したことになったであろう！　もういちど否と言おう。なぜならばそのときには、われわれは、不確かな延期に対してあまりにも高いつけを払わなければならなかったにちがいない。すなわち、われわれはボルシェビキどもの恐喝に屈して、フィンランド、ルーマニア、ブルガリア、そしてトルコを放棄しなければならなくなったであろう。これらの友好諸国をボルシェビズムの祭壇の生贄にすることは、西欧の防衛者ならびに保護者としての第三ライヒの使命とは両立しない。このような態度は破廉恥というべきであり、そのときはわれわれはいつの日か、当然罰をうけるであろう。それは、悲しむべき誤算である、道徳的立場からいっても、軍事的立場からいっても。

あの手あるいはこの手と、われわれがどんな手を使おうと、対ロシア戦は結局、不可避的であった。したがって、それを先送りにすれば、われわれはせいぜい、本質的にはよりいっそう不利な前提のもとに戦争をしなければならないという危険をおかすだけでしかなかった。

したがって私は、好天にめぐまれた最初の日がはじまるのを待って、ロシアと決着をつけるべく、モロトフが出発したその日に、進撃準備の命令を下した。

VIII

フランス国民には、彼らの指導層の一味徒党よりももっと常識がある――ルイジアナとメキシコ

一九四五年二月一五日

われわれはわれわれの使命を果たさなかったし、われわれの長所をうまく利用しなかった。というのは、われわれは一九四〇年以後、フランスの労働者階級の解放をおこたったからである。同様にわれわれは、フランスの保護と支配の下におかれている海外の植民地の国民の独立を助ける機会を逸したからである。

もしもわれわれがフランスを植民地国の重荷から解放してやったとしても、フランス国民はわれわれを悪く思わなかったにちがいない。この分野ではフランス国民はつねに、指導者としての使命をあたえられていると称する階層よりも、すぐれた常識の持ち主であることを立証してきた。

フランス国民は、国民の真の幸福というものに対する生まれながらの感覚を、これら指導者の一味徒党よりももっと高度に身につけている。ルイ一五世のもとでも、ジュール・フェリのもとでも、

フランス国民は無意味な植民地主義の冒険に反抗した。フランスの植民地ルイジアナをナポレオンが売却したために彼の人気が失墜したという話を、私は耳にしたことはない。その反対に、彼の無能な甥〔ナポレオン三世〕がメキシコで行なった冒険は、かえって自己の体面を失なう結果となった。

IX

多数のフランス人は断固としてヨーロッパ人であった――洞察力と誠実な思考態度に対する代価

一九四五年二月一五日

私はフランスを愛したことも、フランス人を愛したこともかつてなかったし、また、それを隠していたことはただの一度もない。しかしながら、フランス人の中にもすぐれた人物がいることを認める点では、私は決してやぶさかではない。多くのフランス人がこの数年間に、誠実さのすべてと大きな勇気とをもって一切をヨーロッパのためにささげてきた。彼らの同国人たちが、洞察力をもった彼らの確信に対する代償と考えていた、盲目的で気違いじみた憎悪は、時代を先取りして行動していたこれらの人物の純粋さを立証している。

この日の戦況ならびにドイツの各都市の運命について、わけても一九四五年二月一六日に報道された国防軍総司令部の発表は、つぎのように伝えている――

……ニーダーザクセンでは、わが方の抵抗は強化された。その結果、敵はその突入地域を、きのうはわずかに拡大したにとどまった。わが軍の効果的な反撃によって、敵は編成の立て直しを余儀なくされた。ブレスラウの南西、ブンツラウの西およびザーガン両側における敵の強力な攻撃は失敗に終わった。

ポンメルンの南部では、わが軍の拠点、バーンおよびアルンスワルデに対する連絡は一時失なわれていたが、ふたたび確保された。西プロイセンでは、ランデックとグラウデンツとのあいだの敵の圧力は依然としてつづいている。はげしい防御戦の後に、敵軍はコーニッツおよびトゥヘルへの突入に成功した。東プロイセンでは、ブラウンスベルクの南、メールザックの東およびツィンテン附近において敵はふたたび突破作戦をこころみたが、わずかな地歩を獲得しただけで作戦は失敗に終わった。この方面におけるはげしい戦闘の末、わが軍は敵の戦車五一台を殲滅した。

オランダでは、敵部隊はショーウェン島への上陸をこころみたが、わが守備隊によってふたたび海中へ撃退された。ニーダーラインとマース河とのあいだの戦闘において、わが方の部隊は新たに防禦の戦果をあげた。クレーヴェ——カルカル間の道路を重点に行なわれたイギリス軍の攻撃は、ことごとく粉砕された。

きのうの午前、アメリカの第一五軍団の部隊はザールゲミュントと下《しも》フォゲーゼンのあいだで、強力な砲撃による準備の後、攻撃を開始した……。

北アメリカの爆撃機はきのうの日中、中部および南東ドイツ地域においてテロ攻撃をつづけた。被害が生じたのは、特にマグデブルク、コットブスおよびウィーンであった。

ロンドンは、ひきつづきわれわれの報復射撃をうけている。

X

イタリアに対して盟邦としての誠意をつらぬいたのは誤まりであった――同盟国イタリアは、われわれにとっていつも邪魔になった――ドゥーチェの思い上がり――寛大な親イスラム政策こそ、単純であり、明瞭であった――無意味なギリシアでの火遊び――一九四一年五月一五日――生存には、いかなる弱さもゆるされない

一九四五年二月一七日

起こったことをすべて冷静に判断してみると――感情はひとまずぬきにして――私は、ドゥーチェとの私のゆるぎない友情と、イタリアに対する盟邦としての誠意とは、誤まりであったことを不本意ながらみとめざるをえない。イタリアとの同盟は、だれの目にもあきらかなように、われわれのために役立つよりも敵の助けになった方が多かった。

イタリアの参戦は、その結果生じた無数の障害とくらべてみると、われわれにはわずかな利益し

かもたらさなかった。われわれがとどの詰まり、この戦争に勝てないとすれば、イタリアはわれわれの敗北について相応の責任を分担することになろう。

イタリアがわれわれのためになしえた最上の奉仕は、戦闘行為には加わらずにいてくれることであった。この不介入が実行されていたら、われわれとしてもイタリアに対して、あらゆる感謝の表明と、最も価値のある贈物とをわすれなかったであろう。イタリアが出しゃばらずに、この、見物人という役割で満足していてくれたら、われわれは数えきれないほどの具体的な行為によって感謝の気持をあらわすことができたであろう。戦争が勝利におわった場合、われわれとしては勝利の栄誉と獲物とを、枢軸のパートナーであるイタリアと共有することにやぶさかでなかった。われわれとしては、地中海におけるイタリアの優位という歴史的な神話を、古代ローマ人の正統な子孫たちが全世界に向かって宣言することに、よろこんで協力したであろう。これらすべてのことは、イタリア人を同盟国とするよりも有利であった！

一九四〇年六月になってはじめて行なわれたイタリアの参戦は、すでに完全に潰滅同然の状態になっていたフランス軍に対して、いわば死者に鞭うつような行動であり、それは、われわれの敵自身が無条件にみとめていたドイツ軍の勝利の栄光にかげりをあたえるだけの効果しかなかった。フランスは、ドイツ国防軍によってもたらされた完全な敗北はみとめたが、しかし両方の枢軸国〔イタリア〕に負けたとは考えていなかった。

率直にいって、同盟国イタリアはわれわれにとって、いたるところで障害となった。そのために、われわれは北アフリカにおいては根本的に新しい政策というものを行なうことができなかった。当時のような事情のもとでは、イタリアがこの地域を要求することははっきりとわかっていたし、ドゥーチェもこの要求をつねに主張していた。

しかしわれわれには、フランスの支配下にあったイスラム諸国の国民を解放できる可能性があったろうか。この種の反乱が一つでも起これば、それはエジプトや、イギリスへの隷属下にあった近東において、はかり知れない影響をおよぼしたにちがいない。

しかし、われわれはみずからの運命をイタリアのそれと結びつけていたために、そのような政策をとることとは考えられなかった。そのときイスラムの世界は、われわれの勝利を期待して武者ぶるいしていたのである。

エジプト、イラク、そして全近東の諸国民は、すでに起ち上がる準備をしていた。われわれとしては、われわれの利益と義務とがもとめていたように、彼らを助けてその勇気を力づけてやるために、最善をつくすべきであった。しかし、イタリアと同盟していたことは、われわれから必要な行動力をうばい、しかもそのほかにも、われわれのイスラム教徒の友人たちのあいだに不信感を生じさせる原因となった。

なぜならば、われわれは彼らの目には、欲すると欲せざるとにかかわらず、彼らの抑圧者たちの一味として映ったからである。すなわちイタリア人は、これらの地域ではフランス人やイギリス人よりも、もっと憎まれていたのである。

セヌッシー・モハメッド教団に対してイタリア軍が行なった残虐行為への思い出は、いまだになまなましい。これに加えて、戦前すでにみずからを「イスラムの剣」として祝福させるというドゥーチェの思い上がりは、嘲笑と怒りとを招いただけであった。預言者モハメッドや征服者オマールにならばおそらくふさわしいこの称号を、ムッソリーニは、買収もしくは威圧という手段を使って数人のあわれな高官を通じて自分のために授与させた。

しかしながら、われわれドイツ人にとっては寛大な親イスラム政策こそ、きわめて簡単でわかりきったことであった。が、それはだめになってしまった——われわれがイタリアとの同盟に誠実であったがためにだめになってしまったことが、ほかにもまだたくさんあるが！

この戦争の舞台で、われわれが持っていた最上の切り札の一つを出すことを妨害したのは、ほかならぬイタリアであった。それは、フランスの保護領となっていたすべての国ぐにの独立を宣告するとともに、イギリスに抑圧されていた地域の住民全体の反乱を起こさせることであった。このような政策がとられていたら、それは、イスラム教国全体において感動をもってうけいれられていたであろう。事実、単なる一種族や一つの民族の経験であっても、良きにつけ悪しきにつけ、まったくおなじ切実さをもって、ほかのすべての種族や民族の共感と判断をよびおこす——大西洋から太平洋にいたるまで——というのが、イスラム世界の本質である。

道義的な点からいって、われわれの政策の影響は二重の意味で不幸なものであった。一方では、われわれは、なんらの有利な代償もなしにフランス人の誇りを傷つけた。他方では、われわれは、それまでフランスが行なってきた植民地支配を放任せざるをえなかったが、それはただ、解放がトリポリおよびキュレナイカに波及し、彼らの方でも独立を要求するのではないかという不安だけによるものであった。その結果は、まことに不幸なものであった。今日では、これらの地域はすべてアングロ・アメリカ軍によって占領されている。われわれの理屈に合わない政策は、狡猾なイギリス人に対して、キュレナイカおよびトリポリにおいて解放者として登場することまでゆるしてしまった！

軍事的な立場からいっても、収支の決算はよくはならない！　イタリアの参戦は、ほとんど自動的にわれわれの敵に最初の勝利をもたらす結果となった。この勝利のおかげで、チャーチルは自国民の勇気を新たにふるいたたせるとともに、親英的な地域全体にふたたび希望がわいてくるようになった。

アビシニアおよびキュレナイカで持ちこたえるのが精いっぱいで、その力がないくせに、無暴にもイタリアは、われわれに意見をきくことも、一言《ひとこと》相談することもなしに、まったく無意味なギリシア遠征に突入した。イタリア軍のみじめな失敗は、われわれに対するあるバルカン人たちの敵意をかきたてる結果となった。ベオグラードとの関係がますますむずかしくなり、ついに一九四一年の春に転換が起こった原因は、ただここにのみあったので、そのほかのどこにあったのでもない。

われわれの欲するところではなかったが、以上のような事態によってわれわれは、バルカン半島における出来事に武力介入をせざるをえない羽目に追いこまれた。そして、そのためにロシアへの進攻に不幸にも遅滞が生じたのは、のっぴきならない結果であった。

そのほかにも、われわれの最良の師団のいくつかの戦闘力が不必要に消耗された。結局われわれはそのために、広大な、見通しのきかないほどの地域の占領を余儀なくされたが、これらの不測な事態が起こらなかったら、この方面にわれわれの部隊を配備することなどは、不必要だったであろう。すなわち、バルカン諸国としては、ライヒに対してなんとかして好意的中立をまもりつづけたかったにちがいない。そして、われわれの急降下爆撃機や落下傘部隊についていえば、私はほんとうのところ、これらの戦闘力をコリントやクレタではなく、むしろマルタやジブラルタルで使いたかった！

イタリアさえこの戦争から手を引いていてくれたならば！　イタリアが、〃非交戦状態〃をつづけていてくれたならば！　イタリアのこうした態度は、われわれ両国の相互の友情と利害上の結合にもとづいて、どれほどはかり知れないほどの価値をわれわれにもたらしたことであろうか！

連合国でさえそのことに関心をもっていた。なぜならば、彼らは軍事大国イタリアに対しては、それほど大きな敬意を払ってはいなかったが、しかしこれほどの惨敗を喫するとは、ほとんど想像もしていなかったであろう。したがって彼らにしてみれば、イタリアが中立でいてくれたら、まことに幸運な事態だと考えていたにちがいない。しかし、敵国側にとってイタリアがいつまでも中立でいてくれるという保証はなかったから、彼らとしてはイタリアの参戦の可能性を考えて、あるいはおそらく参戦をするであろうと考えて、万一のときにそなえて、有力な部隊をイタリアの近くにくぎづけにしておかなければならなかったであろう。他面、このことはわれわれにとってみれば、戦闘にも勝利にも未経験なイギリスの艦隊の一定数が、地中海でくぎづけになっていたことになる――それは、革命が起こりそうなときの状況とおなじであるが、この場合には、われわれにとって一方的に有利であった。

長期戦は、戦闘力の向上および戦争の経験を積むという点では敵に役立つ。私は、近代的な電撃戦の方法をまなびとる機会も時間も決して敵にあたえないようにしながら、この戦争全体の指揮をとろうと考えていた。ポーランドでも、ノルウェーでも、オランダでも、ベルギーでも、そしてフランスでも、われわれは目的を達した。

敵味方ともにきわめて少ない損失のもとで、すみやかに勝利をかちとったことは、軍事的にも政治的にも圧倒的な成功であった。なぜならば、われわれのこの戦果によって、敵は完全に交戦力を失なってしまったからである。

もしもこの戦争が、ドイツが単独でおこない、枢軸国〔ドイツとイタリア〕によっておこなわれたものでなかったならば、われわれはロシアに対する攻撃をすでに一九四一年の五月一五日にはじめていたであろう。全面的な、しかも有無をいわさぬ勝利と進攻の意識と雄叫びとにふるい立っていたわれわれには、東部戦線における戦闘行為を、冬がおとずれないうちに終結させる力があった。

感謝の気持から（なぜならば、オーストリアを合併したときのドゥーチェの態度を、私はけっして忘れたことがなかった）、私は、イタリアに対する批判的な判断はいつもさしひかえてきた。私はむしろその反対に、イタリアをいつも対等の相手としてあつかうべく努力してきた。しかし生存の法則は、本当は対等でないものを対等にあつかうことが誤まりであることを立証している。ドゥーチェは、私と同等であった。それどころか、彼の国民に関する野心の点では、彼は私よりもまさっていた。しかしながら、野心ではなくて、行為が問題なのだ！

困難な状況のもとでは、ひとりでいる方が常によりよいということを、われわれドイツ人は決して忘れてはならない。もしもわれわれが弱者に頼ったり、たとえば優柔不断の点、すでにとっくの昔に試験ずみの人間を盟友にえらぶならば、われわれはすべてを失なっても、得るものは一つもない。

私は、こんな意味深長な発言をたびたびしている。すなわちイタリアが参戦した側では、勝利がやってくる、と。しかし、私はもっとはっきりとこう言うべきであったと思う。すなわち、勝利のあるところには、イタリアも参戦する！

ドゥーチェと私との個人的な結びつきではなにも変化はなかったし、イタリア国民に対する私の好意の点でもまったくおなじである。しかしながら私は、イタリアに対するあらゆる友情にもかかわらず、私に冷静な批判をすすめてくれた理性の声を無理に押えつけてしまったことを残念に思っている。その批判は、ドゥーチェの個人的な利益にもなったし、イタリア国民にとっても有利な結果をもたらしたであろう。もっとも私は、彼がそのような態度をゆるさなかったであろうことは知っているし、また、そのときは不信と疑惑とによって彼がひどく傷つけられたにちがいないことも知っている。しかしながら、私のこの心づかいから、かえって重大な結果が生じることになってしまったが、それはもともと不可避的なことではなかったから、避けることができたはずである。生存ということは、いかなる弱さをもゆるしはしない！

一九四五年二月一八日の国防軍総司令部発表の戦況そのほかの報道から――

わが軍の部隊はドナウ河の北方で敵のグラン橋頭堡に深く突入し、パリッツキー運河の南岸まで進出した。

ラティボアの北方ならびにシュトレーレンとカントとのあいだでは、ボルシェビキ部隊の強い圧力がつづいている。しかし、わが軍の部隊は敵の大きな攻撃をすべて失敗に終わらせた。ラウバンとオーデル河岸のクロッセンとのあいだでは、ソビエト軍が攻撃をつづけている。要塞化したブレスラウの南側および南西側に対して攻撃してきた敵軍は、はげしい戦闘のすえ撃破された。

南ポンメルンでは、わが軍は敵の陣地を攻撃してこれを突破し、敵兵を捕虜にした。トゥーヘルの草原ならびにグ

日本本土方面――

アメリカ第五八機動部隊（第五艦隊司令長官スプルアンス大将の指揮下に復帰し、呼称変更）の正規空母一二隻および小型空母四隻は、一六日に東京を、翌一七日には東京および横浜を空襲した。計二七〇〇機が出撃し、約一六〇機の日本機を撃墜したが、自らも八八機を失なった。戦艦八隻、巡洋艦一五隻、駆逐艦八三隻および多数の艦艇が支援していた。航空攻撃が終わると、艦隊は硫黄島沖に下った。

ラウデンツの西方では、増強部隊を加えて開始された敵の突破作戦に対して、わが軍の部隊ははげしく抵抗している。東プロイセンの地域では戦闘行為はややおさまった。……リバウ南東方面およびドブレン北西方面における敵のはげしい攻撃は失敗におわった。敵軍がつくった多くの突破口はわが軍によって封鎖されるか、わが方の反撃によって除去された。

クレーヴェとカルカルとのあいだの道路の両側における敵の攻撃がわが軍によって阻止されて後、カナダの第一軍はニーダーラインとマース河のあいだの攻防戦の一〇日目になって、攻撃の重点をライヒスワルトの南部に移した。きわめて強力な掩護射撃のもとに攻撃をはじめた敵軍は、途中で新たに部隊を増強したにもかかわらず、ゴッホの北東ではわが軍の火力のために壊滅した。その西方では敵部隊は、はげしい戦闘の後に市の方向に進出することに成功した。ザウエル河岸の地帯ではわが軍の部隊は、アメリカ軍の進撃に対して戦線を守りとおした。アメリカ第七軍の一部はきのう、ザールブリュッケン南方のわが軍の橋頭堡に対して攻撃を開始した。フォルバッハの両側を重点とした戦闘はまだつづいている。

ラ・ロシェルの前方でわが軍の部隊は、敵軍を陣地の一角から撃退した……。

アングロ・アメリカ空軍のテロ爆撃機の編隊は、きのうの日中、ライン・マイン地方および南東ドイツを目標にして攻撃してきた。爆弾投下によって、特にフランクフルト・アム・マインの住宅地帯に被害を生じた。

ロンドンは、わが方の報復攻撃にさらされた。

最小型潜水艦は、テームズ河とスヘルデ河の河口のあいだの敵護送船団の水路で三〇〇〇排水トンの補給用貨物船一隻を撃沈し、ほかの一隻に雷撃を加えた。後者も沈没したものと思われる。

XI

改竄が多かろうが、少なかろうが、ルーズベルトにとって問題ではなかった——パール・ハーバーは彼にとって、うってつけのタイミングで起こった——アメリカとの戦争は不可避的であった——ユダヤ人の得意とするお家芸——日本と協力していたら、ボルシェビズムは一九四一年冬以前に殲滅できたであろう——〝アジア人の連帯〟の神話

一九四五年二月一八日

日本の参戦は、ルーズベルトのために絶好の口実をあたえ、アメリカ軍をわれわれに対して動員するきっかけをつくったとはいえ、われわれにとってはなんらの不利な結果もともなわなかった。しかしルーズベルトは、ユダヤ人にはっぱをかけられて、日本の参戦がなくても、国家社会主義を殲滅するための戦争を決意していた。したがって、だれからもその根拠を指示してもらう必要はなかった。彼は、アメリカ国民の中にあった健全な孤立主義を克服するために必要な口実をつくりだすだけの才覚は充分にもっていた。この場合、その分量が多かろうと、あるいは少なかろうと、事

実を改竄することなど問題ではなかった。

にもかかわらず、パールハーバーでおこなわれた破壊は、その範囲からいっても、影響からいっても、彼にとってまさにうってつけのできごとであった。これこそが、アメリカ国民を戦争へと駆りたてるとともに、国内における最後の反対勢力を排除するために彼が必要としていたものであった。ほんとうのところ、日本の国民を挑発するために彼はあらゆる手をつくしてきたのである。

すべては――もっとも、全世界的な規模にあわせてスケールが改められたとはいえ――すでに世界大戦においてウイルソンがみごとな成功をおさめた、あの謀略の再版にほかならない。すなわち、恥も外聞も忘れた挑発をつかってルシタニア号を雷撃させ、それをドイツとオーストリア・ハンガリーおよびその同盟国に対する宣戦布告のために、アメリカ国民向けの心理戦争に利用した、あの手法の再版にほかならない。

すでに一九一七年のあのときに、アメリカの介入を防げなかったとすれば、それから二五年後のいま、今回の介入も必然的におなじ根拠にもとづいていることが明白である以上、事態はまったくおなじである。アメリカとの戦争は不可避であった。

それはともかくとして、世界のユダヤ人全体は一九一五年になってはじめて、連合国の側につくことを決意した。これに反してわれわれの場合には、すでに第三ライヒ誕生のとき、すなわち一九三三年に、おなじく世界のユダヤ人全体がわれわれに対して宣戦布告をしている。

ところで、過去の四分の一世紀のあいだに、合衆国におけるユダヤ人の影響は、たえまなく大きくなってきている。したがってアメリカの参戦は、有無をいわせぬものであったから、それと時をおなじくして日本のように価値のある同盟国をわれわれが得たということは、われわれにとってはかり知れないほどの幸運であった。

しかし、それはユダヤ人にとっても利益であった！　それによって、ユダヤ人が長いあいだ待ち望んでいた機会、すなわち合衆国を彼らの戦争にひきいれるという機会が到来した。アメリカ国民を挙国一致の名のもとに、ユダヤ人が望む方向に連れてゆくことに成功したのである。

それはたしかに、ユダヤ人のお手のもののトリックである。というのは、アメリカ国民は一九一九年に失望を体験してから、ふたたびヨーロッパの戦争に介入する興味をほとんど失なってしまっていた。他面、彼らはいままでにかつてなかったほど、黄禍論の思想にとりつかれるようになった。ユダヤ人には、すべての責任を負わせるべきである、そして最も恥知らずな悪徳をユダヤ人の責任だと考えても、それが誤算だったということはけっしてない。私は確信している——ユダヤ人は黄禍の問題で遠大な計画を立てるとともに、白色人種の国の一つが、ユダヤ人の病菌に免疫で、しかもいまや列強にのしあがってきた黄色人種の島国を亡ぼしてくれる可能性まで読んでいたのだ、と。

われわれにとって日本は、いかなる時でも友人であり、そして盟邦でいてくれるであろう。この戦争の中でわれわれは、日本を高く評価するとともに、いよいよますます尊敬することをまなんだ。この共同のたたかいを通して、日本とわれわれとの関係はさらに密接な、そして堅固なものとなるであろう。

日本がただちに、われわれとともに対ソビエト戦に介入してくれなかったのは、たしかに残念なことである。それが実現していたならば、スターリンの軍隊は、いまこの瞬間にブレスラウを包囲してはいなかったであろうし、ソビエト軍はブダペストには来ていなかったであろう。われわれ両国は共同して、一九四一年の冬がくる前にボルシェビズムを殲滅していたであろうから、ルーズベルトとしては、これらの敵国〔ドイツと日本〕と事を構えないように気をつけることは容易ではなかったであろう。

他面においてひとびとは、すでに一九四〇年に、すなわちフランスが敗北した直後に、日本がシンガポールを占領しなかったことを残念に思うだろう。合衆国は、大統領選挙の真っ最中だったためで、事を起こすことは不可能であった。その当時にも、この戦争の転機は存在していたのである。さもあらばあれ、われわれと日本との運命共同体は存続するであろう。われわれは、いっしょに勝つか、それとも、ともどもに亡ぶかである。運命がまずわれわれ〔ドイツ〕を殲滅してしまうとすれば、ロシア人が〝アジア人の連帯〟という神話を日本に対して今後も長く堅持するであろうとは、私にはまず考えられない。

一九四五年二月一九日の国防軍総司令部発表の戦況その硫黄島方面――

ほかの報道から――

攻略直前の本格的な艦砲射撃が開始

……ビーリッツとシュワルツワッサーとの中間、ならびにラティボアの北方では、敵軍の攻撃とわが軍の反撃とがくりかえされただけで、戦況全体には変化はない。わが軍の部隊は、シュトレーレン－カントの区域において、特にはげしいソビエト軍の攻撃に対して完璧な防禦の成果をおさめた。ブレスラウのわが守備隊は、南方および西方から攻撃してくる敵に対して断固たる防禦の態勢を堅持している。ラウバン南東の地域では、わが軍の戦車はソビエト軍を撃退した。ラウバン北方からグーベン東方にいたる戦線では、わが軍の部隊ははげしい防禦戦を展開している。

ポンメルンでは、ケーニヒスベルク－ドイチェ＝クローネを結ぶ線の北側において、両軍ともに新たな兵力を戦闘に投入し、そのために戦闘ははげしさを加えた。この戦闘中、わが方の一戦闘部隊は空軍と協力して敵戦車四九台を撃破した。……東プロイセンでは、ボルシェビキ軍はブラウンスベルク南方およびメールザック北東方面において兵力を増強した。はげしい攻防戦が展開された中で、これまでの報道によると四一台のソビエト軍戦車が殲滅された。

された。第五四機動部隊（戦艦六隻、巡洋艦五隻、駆逐艦一六隻）が砲撃を行ない、第五二機動部隊の護衛空母一〇隻が多くのナパーム爆弾を使用して爆撃した。一六日の砲爆撃は天候が悪く、観測が不良であったのであまり効果はなかったが、一七日および一八日はより効果があった。一七日はB24爆撃機も攻撃に加わった。一七日戦艦テネシーが被害を受け、掃海などに従事していた小艦艇も被弾した。

千島列島方面――

一六日および一八日、アメリカの巡洋艦および駆逐艦部隊が倉場崎を砲撃した。

ビルマ方面――

アラカンにおけるイギリス軍の作戦はつづき、ミエボーンの南東六五キロドブレン北西のクーアラントでは、数個の敵歩兵師団が戦車および戦闘爆撃機の掩護のもとにわが陣地の突破をこころみたが、失敗におわった……。

きのうの日中も西部戦線では、カナダの第一軍がクレーヴェの東方およびマース河岸において、強力な攻撃をかけてきたが、わが部隊の断固たる抵抗にあって失敗に終わった。わずかにゴッホ地区において敵は少しばかり進出した。夕刻、リニッヒ附近でルーア河の渡河を強行しようとしたアメリカ軍部隊は、防禦砲火をうけて立往生した。北ルクセンブルク国境では、アメリカ第三軍の部隊は昨日以来、シュネー＝アイフェルの南東岸において南に向かって攻撃するとともに、同時にザウエル河橋頭堡から北方に向かって攻撃をはじめた……。モーゼル河岸のレーミッヒでは、戦闘がふたたびはげしくなった。ザールの橋頭堡では、フォルバッハ東方の陣地地帯をめぐってたたかいが展開されている。ザールゲミュント地域でのわが方の反撃により、失なわれた地帯が奪還された。

中部イタリアでは、戦闘の休止状態がつづいている。

のルーヤーの上陸に成功した。イラワジ河の第三三軍団の橋頭堡地域とその北方のシュベリ河沿いに、特にミイトソン付近ではげしい戦闘がつづいた。

小笠原諸島方面――

第五八機動部隊の大半が補給を行なっているあいだに、空母四隻の一群が父島および母島を空襲した。

アングロ・アメリカ空軍のテロ爆撃機は、西ドイツに対して弱い攻撃をおこなった。北アメリカ空軍機の編隊は、リンツの住宅地区に爆弾を投下した。

ロンドンはきのうも、わが方の長距離ロケットの攻撃のもとにさらされた。

二月一八日の国防軍の報道で、わが軍の最小型潜水艇の雷撃をうけたと発表された敵の補給用貨物船は、最終的な確認によればテームズ河口の手前で沈没した。

XII

スペイン、ジブラルタル、そして一九四〇年の夏——ラテン系国民の場合には、実際には無力のくせに馬鹿げた思い上がりがつきまとっている——ドゥーチェに対しては用心して対応することが必要——チアーノの不吉な役割——アンダイエの、裏切りの意図を秘めた好意

一九四五年二月二〇日

一九四〇年の夏にフランスが敗北した直後、われわれはスペインで沸き起こった感激と、イギリスにあたえた衝撃の効果とを利用して、ジブラルタルを空から占領すべきであった。

しかしながら、事態は表立って現われてはいなかったが、実はスペインに参戦を思いとどまらせることは、そのときすでに時期的にきわめてむずかしくなっていたのである——ちょうど数週間前、われわれがすでにかちとっていた勝利の分け前にあずかろうとしてイタリアが急遽参戦することを、われわれには防げなかったように。

これらのラテン系国民とわれわれとの関係には、実際、よいことはなかった。彼らの思い上がりは彼らの無力と反比例して増長し、そのためにわれわれのチャンスは、どれもこれもだめにされてしまった。

われわれには、戦場で目立つことをやりたいという病的な執念からイタリア人を思いとどまらせることはできなかった。しかもわれわれとしては、彼らの英雄的な勇気を立証し、そして勝利の栄冠を彼らとともに分かちあい、ゆるされるかぎり戦利品のいかなる部分でも彼らに提供できるようにしておく——彼らが戦場には出てこないという唯一の条件のもとに——ために、何百回となく準備をととのえてきた。

イギリス人は彼らのラテン系の同盟国民について、もっとひどい経験をしていることはたしかである。もしもチェンバレンがフランスの頽廃現象について完全な知識を持ちあわせていたならば、彼はあれほど前後の見境なく戦争に突入するようなことは、決してしなかったであろう。イギリスの計画によれば、フランスは陸地戦のあらゆる犠牲を一身にひきうける覚悟ではなかったのか。チェンバレンにとってみれば、ポーランドを——その不幸について、わずかばかりの空涙を流した後で——つぎの分割にまかせるよりも容易なことはなかったであろう。

ラテン系国民の場合には、実際には無力のくせに馬鹿げた思い上がりがつきまとっている。それが友好国イタリアであれ、あるいは敵国のフランスであれ、われわれにとってこの欠陥はおなじように不運となった。

私とドゥーチェとのあいだに生じた唯一の意見の不一致は、私がときどき用心のためにある種の対策を講ぜざるをえないことから生じた。もちろん私は、個人的には彼に対して全面的に信頼を寄せてはいたが、しかし私の計画が他にもれるおそれがあり、そのときには計画全体が危くなるような場合には、私はいつも彼に対してその計画をあいまいにしておかなければならなかった。

私がムッソリーニを信頼して計画をうちあけると、ムッソリーニはまったくおなじ信頼感をもってそれをチアーノに伝える——すると、このプレイボーイは、彼にまつわりつく可愛らしい女たちを前にすると、秘密ということがわからなくなってしまう。われわれはこの認識を得るまでに高価な代償を払わせられた……そして、われわれの敵の方では、何か秘密を聞き出すためには現金で払った。この方法によって、多くの秘密が敵の手に入った。

以上のようなわけで、私には、ドゥーチェには、かならずしもいつも本物のワインを飲ませる必要がないという、正当な理由があった。この問題について彼が理解できなかったことは残念である し、さらに、私に侮辱されたと彼が勘違いして悪感情をいだいたばかりでなく、目には目をのやり方で私に報復したときには、結果は破局的になった。

われわれは実際、ラテン系の人びとを相手にして、いい目に会ったことがない！〔ペタン元帥相手の〕グロテスクな協力の政策のデモンストレーションのために私がモントアールに出かけて行き、それから〔フランコ将軍の〕裏切りの意図を秘めた好意を我慢してうけるためにアンダイエに寄っているすきに、第三のラテン系の男〔ムッソリーニ〕（それは、私の本当の友人であった）は、私の不在の機会を利用して、彼の不運なギリシア遠征を開始した。

この日の戦況ならびにドイツの各都市の運命について、わけても、一九四五年二月二一日に報道された国防軍総司令部の発表は、つぎのように伝えている――

グラーンの北西では、敵の橋頭堡の残りの部分をめぐってはげしい戦闘がつづいている。シュワルツワッサー附近ならびにラティボアの北でわが軍の戦線に突入しようとしたソビエト軍のこころみは、失敗に終わった。同様に、ブレスラウ南方におけるソビエト軍の攻撃は、わが部隊の頑

硫黄島方面――

一九日、アメリカ第五水陸両用軍団が硫黄島に上陸を始めた。上陸に先立って、砲撃部隊は艦砲射撃を加え、さらに第五八機動部隊の二空母群および戦艦五隻、巡洋艦、駆逐艦がそれに加担した。上陸部隊は海兵第四および第五師団で、同第三師団が予備であった。

強な抵抗にあって崩壊した。ニーダーシュレジエンにおける敵の主な圧力はラウバンおよびグーベンの地域にかけられていたが、ソビエト軍はわが方の戦線を突破しようとこころみて失敗し、兵員と戦車に重大な損害を被った……。

ピューリッツとアルンスワルデとのあいだでボルシェビキたちは戦車の支援のもとに散発的な攻撃をこころみたが、すべて失敗に終わった。トゥーヘルの草原およびヴァイクセル河の西方では、数センチの土地をめぐって戦闘がつづいている。ポーゼンのわが守備隊は要衝の地区の工場に立てこもって、頑強な抵抗をつづけている。グラウデンツの要塞に対するソビエト軍の攻撃は、撃退された。東プロイセンをめぐる戦闘は、強力な砲兵部隊および戦闘爆撃機の参加のもとに、従来の重要地点において継続中である……リバウの南東ではボルシェビキたちは、広範な戦線にわたって総攻撃を開始した。彼らのリバウへの突破作戦は、主戦場において食い止められた。

ラインとマースとのあいだの戦闘では、イギリス軍およびカナダ軍によってつづけられているはげしい攻撃は、き

上陸は硫黄島の南東の海岸に対して行なわれ、第一日に約三万人が揚陸した。

栗林中将の指揮する約二万一〇〇〇人の日本守備部隊は、非常に手のこんだ強固な防御陣地を構築し、島全体を完全に要塞化していた。島の南部には標高約二〇〇メートルの摺鉢山がそびえ、そのほかの部分は平坦だが、その北端に向かって少しずつ高くなっていた。上陸用舟艇が着岸した直後には日本軍の反撃はなかったが、約半時間後になると日本が射撃を開始した。しかしアメリカ海兵部隊は、ますますはげしくなる防禦砲火をおしきって海岸堡を確保し、その日の終わりまでに島の反対側の海岸に達した。

アメリカ軍は硫黄島が強固に防備されていることはよく知っていた。しか

のうも、わが方の歩兵部隊および落下傘部隊の頑強な抵抗にあって粉砕された……。プリュームとエヒテルンアハとのあいだではじまっているアメリカ軍の攻撃は、いまやオーレ河に面した半円形陣地の西側の戦線にも拡大された。ヴィアンデンの東では、敵は北の方向に地歩をかためることに成功した。モーゼル河とザール河下流とのあいだの三角地帯では、レーミッヒの北で敵軍がこころみた渡河作戦はわが軍によって撃退された。これら二つの河の中間でアメリカ軍の戦車部隊は、南からウェストヴァル〔独仏国境の要塞線〕へ向かって進撃、わが軍の陣地の奥深く突入することに成功した……。

アメリカ空軍の爆撃機の編隊は日中、ニュルンベルクおよびウィーンに爆弾を投下した。特にニュルンベルクでは、人的損害および住宅地区に甚大な被害が生じた。夜間には、ライヒの首都〔ベルリン〕、ドルトムントおよびライン＝ウェストファーレン地域の各地が、イギリス空軍の爆撃機の編隊によって攻撃された。夜間戦闘機および高射砲部隊によって七三機——主に四発の爆撃機——が撃墜された。夜

し、同島はアメリカ軍にとっても戦略的にきわめて重要であった。同島を確保すれば、B29爆撃機に戦闘機の掩護をつけることが可能となるからであった。硫黄島はまた、日本に対する爆撃で損傷した機が不時着陸するのに役立つからであった。

フィリピン方面——

アメリカ軍がサマル島の北西部およびダルピリ、カプールおよびビリの小島に揚陸した。ビリでは若干の抵抗があった。

なおこの日、B29一五二機が東京市街地を空襲した。

間戦闘機は、この戦果において特に大きな貢献をした。

ロンドンに対する報復の射撃〔V2型ロケット〕は、つづいている。

XIII

私は、つねに平和をさがし求めていた——普遍主義者、理想主義者およびユートピア論者には、確たる目標がない——国家社会主義の理論は輸出するためのものではない——チェンバレンとミュンヘンの数日間——すでに一九三八年にわれわれは戦争をはじめるべきであった——ドイツには、世界中の世論が味方であった——チェコの危機を力によって解決する利益——われわれの要求は東にのみ向けられている——敵どもの近視眼性

一九四五年二月二一日

われわれの事業を完成するためには、平和にもまして、われわれが必要としたものはなかった。私はつねに平和をさがし求めていた。しかしわれわれの敵どもの意志は、否応なしにわれわれにこ

の戦争をおしつけた。戦争への煽動がはじまったのは、すでに一九三三年一月、すなわち政権掌握の日以来のことである。

それには、二つの戦線が存在していた。一方の側には世界中のユダヤ人とその共犯者たち、もう一方の側には民族のための現実の政治をめざす指導者たち、この両者は歴史の流れの中でいつの時代にも、和解の不可能な陣営として対決していた。一方の人びとは、抽象的な個人の幸福をめざして努力するとともに、その普遍的な解決という虚像を追求している。他方の人びとは行為の人間であり、現実の人間である。国家社会主義が知っているのはドイツ人であることだけであり、したがって国家社会主義にとって関心があるのはドイツ国民の幸福だけである。

普遍主義者、理想主義者およびユートピア論者には、確たる目標がない。彼らは到達不可能なパラダイスを約束して、それで世界を欺いている。しかしながら、彼らがどのように変身しようとも、あるいはキリスト教徒に、共産主義者あるいは自由主義者に、馬鹿正直な人間あるいは厚顔で悪意をもった詐欺師に変身しようとも、彼らはことごとく人類を抑圧するためにはたらいている。しかし、私はつねにこの世界において可能なるもの、およびわれわれの力の領域内にあるものだけを、私の国民のために目標として見失うことはなかった。それはすなわちドイツ国民の精神的および肉体的幸福ということである！

私はつねに、私に守れること、そしてまた守ろうと固く決心したことだけを約束してきた。それは、私がみずから招いた底知れぬほど深い憎悪の根拠の一つである。まさに私が、私のすべての敵のように、不可能なことは約束しなかったために、彼らの計画は台なしになってしまったのである。私は、人類の使徒とか職業的政治家とか称する人びとの仲間から別のところにいる、独立独歩の人間として終始した。彼らが極秘にしていた秘密とは、実は人間の無知をとことんまで利用することである。

国家社会主義の理論は——しかも、私はこのことをくりかえしくりかえし強調してきた——輸出するためのものではない。それは、ドイツ国民のためにのみつくられたものである。したがって、国家社会主義の要求は、いずれも必然的に、限定された、そして達成可能な目標だけに向けられている。したがって私は、分割不可能な平和についても、分割不可能な戦争についても信ずることはできない。

ミュンヘンにおけるあの数日間に私にあきらかになったことは、第三ライヒの敵どもは是が非でもわれわれを抹殺しようとしていたこと、したがって彼らとの話し合いの余地はまったくなかったということである。金権主義のブルジョア政治家チェンバレンが、ヒトラーという成り上がり者と話しあうために、平和的な、そして偽瞞的な雨傘を手にしてベルクホーフへ飛び立とうとしたとき、彼はすでに、イギリスはわれわれに対してやがて食うか食われるかのたたかいを宣告するであろうと知っていたのである。彼は私を油断させるために、実行不可能な約束をする用意をしていた。彼が突然、ミュンヘンへの旅行を思い立った目的はただ一つ、時間をかせぐことであった。

あの瞬間われわれは、われわれの方から即座に戦争をはじめるべきであった。すでに一九三八年に、われわれは行動を開始すべきであった。あのときこそ、限定戦争を決行するための、最後のチャンスであった。

しかしながら、彼らはすべてを受諾した。精神薄弱者のように、彼らは私の要求にことごとく応じたのである。このような前提のもとでは、実のところ、こちらから戦争をしかけることはむずかしかった。われわれは、不可避的な戦争の機会を目の前にして、この戦争にやすやすと、しかも早急に勝利が得られる一回だけのチャンスを、あたらミュンヘンで逸してしまったのである。

当時、われわれの方でも戦争の準備は万全といえるような状態ではなかったが、それでもわれわれの敵よりは装備はととのっていた。一九三八年九月、それは、われわれにとって攻撃にともなう危険が最も少なくてすむ、最も有利な瞬間であった。加うるにわれわれは、戦争を世界中に拡大させないようにできるという利点を持っていた。

われわれは、いずれにしても敵の方が武力による対決を意図していた以上、他の問題は考慮せずに、強引に武力対決に出るべきであった。言いかえれば、敵側がわれわれに対して最後の一点まで譲歩する用意でいたからこそ、強引に武力行動に出るべきであった。われわれがあのときズデーテン問題を武力で解決していたら、われわれは同時にチェコを席捲して、全責任をベネシュにおしつけることができたはずである。

ミュンヘン会談には、それでなくても一時的な効力しかなかった。なぜならば、われわれとしてはドイツの心臓部に、たとえ小さくてもチェコという独立国を腫物のように存続させておくことはできなかったからである。われわれはこの腫物をやがて、一九三九年の三月に切開した。しかし、一九三八年にこれが行なわれていた場合を想定して両方を比較すると、一九三九年の方が見た目には前提はずっと不利であった。なぜならば、その結果はじめてわれわれは、世界中の人びとの目に、不正を犯した者として映ったからである。もはやわれわれは、ドイツ人の自決権を力によってかちとるだけでは満足できず、他国民の上に保護領という支配制度をしくことになったのである。

すでに一九三八年に戦争がはじめられていたら、それは短期戦で終わっていたであろう——チェコによって抑圧されていたズデーテン・ドイツ人、スロバキア人、ハンガリー人、それればかりでなくポーランド人までも解放するための戦争として！

イギリスとフランスとは、電撃的な作戦に不意をつかれておどろきあわてて、積極的な行動には出なかったであろう。しかも世界中の世論がわれわれに味方していたにおいておや、である。

最後に、東ヨーロッパにおけるフランスの政策の主要な拠点であるポーランドまでが、われわれに味方した。イギリスとフランスとは、その理由だけでライヒに宣戦布告をしようとしたら、世界中に悪い印象をあたえたであろう。それはともかくとして、この両国はプラーク〔プラハ〕政府のために、最後の手段にうったえるつもりはなかったものと、私は確信している——もっとも、そうだったとしても、それによって両国に対する世界の世論がよくなったわけではないが。

チェコの危機を武力によって解決した後、われわれはそのほかの、東ヨーロッパおよびバルカン半島にまだ未解決のまま残された領土問題を調整することが可能であった。しかも、パトロン国としての威信をひどく傷つけられたアングロ・フランス両国の介入をおそれることなしに。

われわれ自身は、こうしてわれわれ自身の道徳的ならびに物的な装備に必要な時をかせぎ、その結果、第二次世界大戦――そもそもこの戦争が避けられないものであったとしても――を数年間は先に延ばせたであろう。

満ち足りた国民たちのあいだでは、彼らがわれわれに対していだいている憎悪が一応おさまって、戦争への不安と快適な生活への関心の方が大きくなるということは、決して考えられないことではない。まして、われわれの要求は東方にのみ向けられていることを、おそかれ早かれ彼らが認識するときがかならず来るにちがいない以上は。われわれの敵はしかも、われわれがいつの日か東方で戦うであろうということまで、予想していたかもしれない。

しかし、われわれがどのように考えていたにしても、彼らには二重に利益があった。すなわち、西ヨーロッパにおける絶対的平和、そしてソビエトの力の拘束と弱体化――もっとも、ソビエトの力は、彼ら短視眼的な人間たちにとっては、遠い国の話として国家社会主義のライヒよりも危険が少ないように思われてはいたが。

この日の戦況ならびにドイツの各都市の運命について、特に一九四五年二月二二日に報道された国防軍総司令部の発表は、つぎのように伝えている――

硫黄島方面――

第五八機動部隊の空母群と砲撃部隊が、引きつづいて海兵部隊に惜しみなハンガリーおよびスロバキアからの報道は、敵のグラン橋頭堡の残った部分に対するわが方の攻撃が成果をあげたこと、そしてアルトゾール南東の山岳道路におけるやや小規模なソビエト軍の進攻が撃退されたことを伝えている。

シュワルツワッサー附近ならびにラティボア北方における突破作戦に敗退した後に敵は、きのうはおなじ戦闘地域で単なる局地的な攻撃をかけてきただけだったが、これも失敗に終わった……。ニーダーシュレジエンにおける戦闘の中心点は、ひきつづきツォプテンの地域、ブレスラウの南ならびにラウバン——グーベン地区である……。

西プロイセンのハイデローデとヴァイクセル河畔のメーヴェとのあいだでは、ソビエト軍の圧力は弱まることなく持続している。敵の攻撃はすべて、最初にわずかな成果をあげたものの、わが方の頑強な抵抗の前に動きがとれなくなっている。ポーゼンおよびグラウデンツのわが守備隊は、敵に対して最初と変わらぬ頑強な抵抗をつづけている。東プロイセンに対するボルシェビキ軍の攻勢は、強化されてきた。はげしい攻防戦の中でわが方の部隊は、敵に僅少の損害しか与えられなかった。

い支援を送った。二一日に日本の特攻機の攻撃を受けて、護衛空母ビスマルク・シーが沈没し、正規空母サラトガ、護衛空母一隻そのほかの艦が損傷を受けた。陸上戦闘ではアメリカ軍は島の南部の摺鉢山に向かってわずかずつ前進し、また海岸堡北方の第一飛行場の大部分を奪取した。おびただしい火力を集中してわずかずつ前進できた。毎夜、日本軍の夜襲および潜入があった。

二三日アメリカ軍は摺鉢山の大半を奪取し、その頂上に星条旗を揚げた。海岸堡の北方では、集中砲火を浴びせてわずかに前進するというパターンが繰り返されていた。

ビルマ方面——

二一日、第一七インド師団と支援戦車部隊はムヤウングの第四軍団の橋頭突入をゆるしただけで、味方の陣地を守りとおすとともに八六輛の敵戦車と装甲砲車、ならびに一〇七門の重砲を殲滅した。高射砲部隊および空軍の編隊による有効な援助にささえられたクーアラントのわが戦闘部隊は、リバウ南東ならびにドブレン北西における敵の突破作戦を粉砕した。敵はこの戦闘で、最後の二日間で一四一台の戦車と六三機の飛行機を失なった……。

シュネー＝アイフェルの南東の境から、そしてウールの上流において、アメリカの第三軍の部隊は攻撃をつづけている。彼らは、優勢であるにもかかわらず、わずか数カ所の地点でわが方の陣地に突入できただけであった……。モーゼル河と、その下流のレーミッヒと、そしてザール河下流のあいだで、わが方の部隊は、ザールの要塞に向かって殺到する敵の強力な歩兵部隊と戦車部隊に対してはげしい防禦戦をたたかっている。フォルバッハの郊外地区においても、はげしい市街戦がはじまっている。シュピーヘルンとザールのあいだでは、はげしいたたかいが展開されている。わが方の部隊は反撃の際に、多数のアメリカ兵を捕虜

堡から突出し、メイクティラに向かう前進を開始した。日本軍は同地域にイギリス軍部隊のあることを察知していたが、こうも強力な部隊が含まれているとは知らなかった。第四軍団の前進がよく秘匿されていたからであった。

その北方のイギリス第三三軍団の部隊も、日本軍主力を吸引する努力を行なっていた。イギリス第二師団は、ニャズン付近でイラワジ河を渡り、すでに同地域に橋頭堡を確保していた第二〇インド師団と連結した。その北方のイギリス第三六師団は、ミイトソンを取った。

二二、二三日、カンガウ付近で、第三コマンド旅団の六〇〇〇人とほかの部隊によるイギリス軍の上陸が行なわれた。

にした。

エトルリア〔トスカナ〕地方のアペニン山脈地帯では、ポレッタ北西の山中で局地的な戦闘行為がつづいているが、そのアペニン山脈地帯ではベルヴェデーレ山の陣地をめぐって終日、攻防戦がつづいた。

北アメリカ空軍の爆撃機はきのうの日中、ニュルンベルクおよびウィーンに対してふたたびテロ攻撃を加えた。昨夜、イギリス空軍のテロ爆撃機は多量の破壊用爆弾と焼夷弾を、ヴォルムス、デュースブルクおよびライン＝ウェストファーレン地域のその他の都市の住宅地区に投下した。ライヒの首都〔ベルリン〕も、イギリス空軍の高速爆撃機の攻撃をうけた。わが方の防空戦力によって、アングロ・アメリカ空軍は昼夜をとおして合計一一七機——その多くは四発の爆撃機——を失なった。わが夜間戦闘機はこの撃墜の成果において、またもや抜群の貢献をなしとげた。


フィリピン方面——

二一日、アメリカ第一一軍団は、バターンの攻略を完了した。コレヒドール島およびマニラではまだ戦闘がつづいていた。

二三日、マニラを攻撃中のアメリカ軍は、はげしい砲爆撃につづいて攻撃を強化した。日本軍の抵抗は市内の旧城壁区域に限定されたが、同地区の戦闘はきわめて激烈であった。

（マニラにおける日本軍の抵抗は三月三日に終息した。二万人の日本軍は掃討され、市街は破壊しつくされた。また中南部諸島においても、アメリカ軍はゲリラの協力を得て日本軍を掃討してゆく）

XIV

ルーズベルト、世界中のユダヤ人から選ばれた男——世界の経済恐慌、ドイツと合衆国——ニューディールの失敗と戦争——アメリカ国民は二五年後には怒りに燃えた反ユダヤ人主義者になるだろう——ルーズベルト、まちがった偶像——ドイツとアメリカの伝統は、おなじ方向を指し示している、すなわち、植民地はいらない！

一九四五年二月二四日

アメリカとの戦争は悲劇的な連鎖である。反理性的であるとともに無意味である。不幸な、歴史的な偶然は、〔ナチスによる〕政権の掌握が世界中のユダヤ人によって選ばれた男、すなわちルーズベルトがホワイトハウスの主人公となった時期と一致するように組み合わせた。ユダヤ人とその死刑執行人〔ルーズベルト〕がいなかったら、歴史はもっと別な道を歩んでいたであろう。ドイツと合衆国とは、たとえ特に愛し合い、そしてたがいに友情のきずなで結ばれるほどの間柄ではないとしても、少なくとも格別の努力をしなくても、たがいに理解しあえるはずであり、本来、具体的な事実のどれをとってみても、この立場に肯定的でないものはない。ドイツ人は結局、アメリカの人口に最も重要なかかわりを持っている。北方民族の血が奔流のように彼らの血管の中に流れているのは、われわれのおかげである。そのほかにも、フォン・シュトイベンはアメリカの独立戦争において決定的な役割を演じている。

世界的な経済恐慌は、ドイツと合衆国とをほとんど同程度に、しかも同時に襲った。われわれはまた、この危機を克服するために、かなり似通った対策をとった。

あらゆる困難にもめげず、われわれ〔ドイツ〕の努力はすばらしい成果によって報いられた。根本的にずっと有利な前提があったにもかかわらず、あちらではルーズベルトと彼のユダヤ人の頭脳集団は、わずかな成果をあげただけであった。ニューディールの失敗は、戦争心理に対する影響の上でも決定的な部分を占めていた。

合衆国は実際には、われわれ自身の願望でもある自給自足の経済のための条件はすべてそなえている。合衆国は、そのエネルギーのことごとくを妨げられることなく利用できる無制限の土地を持っている。われわれの側としては、いつの日かわれわれの人口の数にふさわしい生活空間の中に経済的独立を確立できることを願望している。大国民には、生きるために充分な土地が必要である。

ドイツは合衆国に対していかなる要求も出してはいないし、また合衆国は、ドイツについていささかもおそれることはない。平和的共存のためのあらゆる前提は、どちらの側にもそなわっている。しかし、合衆国を自分たちの最も強大な砦《とりで》に選んだユダヤ人によって、すべてが毒されつつある。

このことが、実にこのことだけが、すべてを破壊し、すべてに害毒をあたえている。

私の予測によれば、このユダヤ人という寄生虫――皮膚にしっかりと食らいついて生血を吸っているやつら――が、アメリカ人にとって癌にも似た害毒をおよぼしているかにアメリカ人自身が気付くまでには、二五年以上はかからないであろう。ユダヤ人はアメリカ人を危険な冒険にかりたてているが、この冒険は根本的にはアメリカ人にはまったく関係がない上に、しかもこの冒険の対象になっている利害関係そのものも、アメリカ人には何のかかわりもない。

実際、ユダヤ系以外のアメリカ人にとってみれば、ユダヤ人と自分たちの憎悪を分かちあい、そのためにユダヤ人に手綱をとられて引きまわされなければならない理由は、全然ない。まったく否応なしに、アメリカ人はつぎの四分の一世紀のうちに、怒りに燃えたぎった反ユダヤ人主義者になるか、さもなければ、それまでに、永久にユダヤ人の奴隷になりさがってしまうであろう。

われわれがこの戦争に敗れたら、そのときはユダヤ人が真の勝者となるであろう。勝利に酔いしれた彼らのよろこびは、はかり知れないものとなろう。私はいささかのためらいもなく断言するが、それはユダヤ人にとって束の間の勝利にすぎないものとなるであろう。なるほど、この場合、ふたたびユダヤ人に対してたたかいをいどむ者は、ヨーロッパにはもはや一人もいないであろう。しかし、そのかわりに合衆国では、その可能性はいっそう確かなものとなるであろう。

合衆国は、まだ若い国であり、老化とともに生じる障害には無縁だが、そのかわりに、基礎のしっかりした政治的な洞察には欠けている。アメリカ人にとって、いままではすべてが、まことにばかばかしいほど簡単なことであった。経験と難関とを乗り越えて、おそらく彼らは成熟してゆくであろう。

いったいこれらの人びとは、アメリカ建国までは何者だったのであろうか？　彼らは、世界の隅々から集まってきた、ごっちゃまぜの個人たち、すなわち冒険児たちで、彼らを待ちうけていたのは、開発を待っていた無限の大陸であった。この広大な大陸の中で、きわめて徐々にではあるが国家意識が形をととのえるようになった。

しかし、あらゆる人種と国民とから成り立った個人たちのこのような集合体には、まだアメリカの国民同士をむすびつける国家感情はなく、当然のことながらユダヤ人の欲望の恰好な獲物にならざるをえなかった！

ユダヤ人がわれわれのもとで犯してきた暴力的行為、そして国家社会主義によってやっと終止符がうたれた彼らの暴力的行為も、新しい獲物がいる土地で彼らが現在も犯しつつあり、将来も犯しつづけるであろう同種の行為とくらべれば、物の数ではない。いつの日かアメリカ人は、自分たちがルーズベルトという誤まった偶像にすがっていたこと、そしてユダヤ人を先祖にもつこの男は、実は犯罪者であったこと――合衆国に対しても人類全体に対してもおなじく――を、知るときがくるであろう。

ルーズベルトは、合衆国にとって縁もゆかりもない、間違った方向に合衆国を導くとともに、合衆国とは何の関係もない争いごとに合衆国を強引に介入させた。彼に政治的良識の一かけらでもあったならば、自他ともに認めていた孤立主義の政策をすててはならぬ、またこのたびの抗争では合衆国は中立国の役割に徹していればよい、という考え方をとったにちがいない。

合衆国が多少でも政治的に成熟していて、その上にもう少し経験を積んでいたら、合衆国にとって決定的な利益は、ヨーロッパにおける抗争に対しては、警戒心を忘れぬ中立の立場をつらぬくことであると認識したにちがいない。介入政策を選ぶことによって合衆国は、ユダヤ人の搾取者どもの餌食にされる危険をいっそう大きくしただけであった。実際の話、彼らは世界中どこにいてもこの事情は知りぬいており、したがって彼らがしていることを正確に知りつくしている——もちろん、まったく個人的なユダヤ人的な立場からにすぎないが。

もしも運命が合衆国に対して、この重大な時にあたって、ルーズベルトとは別な人物を真の国家元首として選んでいたならば、すなわち、アメリカ人の生活を二〇世紀のもろもろの要求に適応させる能力をもった人物を選んでいたならば、その人物はリンカーン以後の最もすぐれた大統領となっていたであろう。

一九三〇年代の恐慌は、単なる経済成長の不均衡による恐慌であった。もっとも、全世界的な規模のものではあったが。経済の自由主義は、使い古された公式としての正体を暴露した。責任ある人びとが、この恐慌の原因と波及の大きさとを把握していさえすれば、問題は、ふさわしい対応策を実施することだけであった。

ホワイトハウスにおける大統領にふさわしい人物ならば、この、ただ一つの課題をとりあげたであろう。そして、その解決によって彼は、世界的な競合の檜舞台で、他のなんぴとの追従もゆるさぬ、独自の地歩を占める結果となったであろう。しかし、そのためには彼は、アメリカ国民の注意を大きな問題に向け、地球全体について彼らの眼を開いてやることが必要であった——ルーズベルトというこの犯罪人がしたように、アメリカ国民を世界戦争というカオスの中へつきおとすかわりに。

それは狂気の沙汰としか言いようがない！　他にその例を見ないような野蛮なやり方で、彼はアメリカ国民の無知と愚かさと信じ易い性格とを悪用した。ルーズベルトは、彼のヤンキーどもにユダヤ人の眼鏡で世界を見させ、そして事前に彼らが気づいて思いとどまらなかったら、破局へとつき進んだであろう道に、彼らを連れて行こうとした。

アメリカ国民の出来事は、われわれとは関係ない。したがって、彼らに何事がおころうと、彼らの態度が直接われわれの運命とヨーロッパの運命とに影響しないかぎり、私はあくまでも冷静でいるであろう。

われわれがアメリカ国民と協調しうるための契機が、他にもう一つある。すなわち、彼らもわれわれも、植民地をつくることに興味がない。ドイツ国民は実際、かつて帝国主義に対して何らかの執着をいだいたことは一度もなかった。私は、一九世紀末の、あの馬鹿げた努力を、われわれの歴史の中の脱線的現象だと考えている。一九一八年の敗北は、少なくとも一つだけ良い面、すなわち不幸な道をがむしゃらに突っ走ろうとしていたわれわれにストップをかけてくれたという、良い面をもっていた。

われわれドイツ人は、植民地獲得の成果がうつろい行くものであることにも気づかずに、フランス人とイギリス人とが示した先例に愚かにも迷わされて、彼らの成果に目がくらみ、その不幸な道を突っ走ろうとしていたのである。

第三ライヒは、この時代おくれの過去のためにいささかも追憶の涙を流すものではない。そして、われわれのこの態度こそ、ひとびとから誇るに足るものと思われて然るべきであろう。われわれは時代おくれの過去にではなく、勇気をもって、そして決然として未来に目を向ける、すなわち大陸における広域政策の実現に目を向けるものである。同時に、自然のままのアメリカの伝統もおなじ方向を目ざしている。すなわち、他の大陸の問題に干渉しないことを、そして、新世界の問題に対する外国の干渉を排除することを！


この日の戦況ならびにドイツの各都市の運命について、特に一九四五年二月二五日に報道された国防軍総司令部の発表は、つぎのように伝えている——

……ラウバン北西における敵戦車部隊の突破作戦は、きのうもまた多大の犠牲を出しただけで潰滅した。ノイ・シュテッティンとコーニッツとのあいだでは、敵は強力な歩

大本営は、この年の秋に南九州、翌年春に関東地方に連合軍が上陸するものと想定していたが、本土決戦計画の実施はいちじるしく立ち遅れていた。

こうした状況下で、重臣のあいだに戦争収拾の動きがあり、昭和天皇からは、

兵部隊および戦車部隊をもってわが方の戦線を圧縮、後退させた。一方、トゥーヘルの草原およびヴァイクセル下流の西方では、敵の攻撃は成果なく終わった。

東プロイセンにおける大きな戦闘では、六週間以来、間断なくはげしいたたかいをつづけているわが方の師団は、ソビエト軍八個軍団の総攻撃をよくもちこたえた。ザームラントにおけるわが方のはげしい攻撃は、敵を北東方面に撤退させた。わが海軍の戦闘部隊はきのうもまた、この戦闘に参加して良好な成果をあげた。リバウの南東では、ボルシェビキたちの攻撃は、大きな損害をうけたために、もはや先日来のような結束力を示さなくなった。

ルーア河畔の防禦戦は、幅六〇キロメートルにわたってはげしい勢いで展開されている。ルーアモントと鉄道沿線のガイレンキルヘン——エルケレンツとのあいだでは、アメリカ第九軍の部隊は数カ所において、わが方の戦闘前衛部隊を河の東岸にまで撃退させることに成功した。リニッヒの各地区、ユーリッヒの両側およびデューレンでは、はげしい戦闘がつづいている……。

自ら重臣の意向を聞きたいとの意思表示があった。結局、二月に入ってから、重臣が単独拝謁、意見を上奏するという形をとった。

二月二四日、近衛文麿が天皇に拝謁し、長文の上奏文を上程した。それには、敗戦が必至であり、敗戦によって最も恐るべきは共産主義革命であると述べられていた。

この上奏文は吉田茂と相談して執筆されたと言われているが、連合国側は「国体変革」を要求することはあるまいという判断に基づいて、むしろ国内から起こる共産主義革命の防止こそ急務であるとした。近衛はこのような見通しに立って、早期戦争終結を主張したのである。

アイフェルのノイエルブルクの両側では、防禦戦がつづいている。

アングロ・アメリカ空軍のテロ爆撃機はきのう、西ドイツ、北西ドイツおよび南東ドイツの各都市を攻撃した。住宅地区への爆弾投下および低空からの機銃掃射の攻撃によって、一般の住民に被害が生じた。昨夜、イギリス空軍機は、ライン＝ウェストファーレン地方の数カ所ならびにライヒの首都〔ベルリン〕に爆弾を投下した。わが方の防空部隊によって敵の飛行機二二機が撃墜された。

硫黄島方面――

二四日、北方に進出中のアメリカ軍は、第二飛行場の一部を占拠した。翌二五日、アメリカ軍の進出はつづいたが、第二飛行場付近で大損害を受けた。

ビルマ方面――

第一七インド師団は二四日、メイクティラに向かう前進中に、タウンタを取った。

XV

時間と空間――われわれには両方とも欠けている――ユダヤ人、マルドカイ＝マルクスと地上の天国――レーニン、スターリンおよび将来の共産主義の独裁者たち――ドイツ国民の不安定性――だれが炬火をかかげて前進をつづけるのであろうか？――一個の人間にとって、あまりにも大

きな課題――ドイツ国民は若くて強い

一九四五年二月二五日

われわれはいつもせっかちに、そしてせきたてられて行動せざるをえなかったので、ただこの理由によって、多くのことが失敗に終わった！　早急な行動とは、われわれの場合にはせっかちに行動するということと同義である。しかしながら、決意を忍耐づよく成熟させるためには、時間と空間とが必要である――そして、両方ともわれわれには欠けている。ロシア人は両方とも、ありあまるほど持っている――しかも、加うるに受動性への、あの性向、すなわちスラブ人根性の本質的特性をそなえている。

彼らはさらに、マルクス主義のドクトリンによって、国民を制御する手段をもっている。そのかわりに彼らは、地上に天国を約束する――もっとも、ずっと遠い未来での話だが――したがって、それによって本質的にキリスト教のドグマとは区別される。

善良なヘブライ人であったユダヤ人マルドカイ＝マルクスも、彼のメシアスを待っていたのである。彼はそのメシアスを即座に史的唯物論に転換させ、無限へのあこがれに対して地上での天国、すなわち地上的な幸福を対置させた。この幸福は、手でつかめるほど身近なものであり、それは約束されてはいるが、しかしひとびとは、その幸福を力づくで手に入れようとせずに、じっと待っていなければならない。これが正しい策略なのであり、無知な連中はこの策略にひっかかってしまう。レーニンがやりとげなかったことは、スターリンが完成するであろう。……こうして、共産主義の独裁者たちの順番がつづく……

これは狡猾だ！　それならば、やはりユダヤ人の頭脳から生まれたキリスト教、その信者たちに対して彼岸ではじめて天国を約束できるというキリスト教について、一体どう考えるべきなのか？　それは、比較にならないほど強力な思想である！

私はこれに反して、すべてのことは一個の人間の短い人生のあいだに完成すべきだとする、運命の掟の下におかれていると考える。私のよりどころは、現実の上に基礎をおいた冷静な世界観だけである。そして、現実の約束ごとは具体的な形をとるべきであり、それは不可能な約束を私に禁じている。

他の人びとには永遠の時間があることでも、私にはわずか数年の不充分な時が残されているだけである。彼らは、先駆者たちが仕事を止めたところから仕事をつづけられる後継者たちに、後をまかせることができる。すなわちそれは、おなじ犂《すき》で、おなじ土を切り進む、代わりの人間のことである。

私は間断なく自問する――私の直接の協力者たちの中で、やがて私の手を離れるであろう炬火をかかげて前進できる力のある人間はどこにいるのであろうか、と。

運命によって決められた私のもう一つの宿命は、無定見で影響をうけやすい点で他に類を見ないような国民、かつて一方の極端から他方の極端へと堕落した過去をもつ国民を私に指導させていることとである。私の場合、理想的な処方箋は、まずはじめにドイツ国民の存続を確立して、国家社会主義の青少年を育成し、その上で――やがてドイツ国民の中に形をととのえた権力が敵国に戦争を思いとどまらせることが不可能なかぎり――その不可避的な戦争の作戦を、将来の世代にまかせるということである。そうすれば、ドイツは道徳的にも物質的にも武装がととのったことになるであろう。そして、母乳といっしょに国家社会主義の精神を吸収し、この精神の原則によって成人した人びとから成る官吏、外交官の集団を持ち、参謀本部を持つことになるであろう。

ドイツ国民のために陽のあたる場所を征服しようとして私が着手したこの仕事は、ただ一人の人間にとってはあまりにも多すぎるし、一つの世代にとってはあまりにも厖大で包括的である！　しかしながら、私はドイツ国民に対して、彼らの使命についての知識を伝えたし、また、大ドイツ・ライヒの中ですべてのドイツ人が統一されるための、途方もなく大きな可能性についての認識を、骨の髄までふきこんでおいた。このようにして私は、最上の種を蒔いておいた。私はドイツ国民の頭の中に、国民自身の存亡をかけたこの戦争の意味を、たたきこんでおいた。

いつの日か――そして、その日は近いであろう――この種が熟して、収穫がもたらされるであろうが、なにものも、これを妨げることはできないであろう。

ドイツ国民は、若く、そして強い。それは、前途にまだ未来のある国民である。

この日の戦況ならびにドイツの各都市の運命について、特に一九四五年二月二六日に報道された国防軍総司令部の発表は、つぎのように伝えている――

すでに報道したように、東部戦線の南ではグラーン河を越えて西方に進撃してきた敵は、陸軍および武装親衛隊の部隊の強力な反撃をうけて粉砕されるか、河の東岸に撃退された。ボルシェビキ軍はこの戦闘において七〇〇〇名の捕虜および四〇〇〇名を超える戦死者を出した。九〇輛の戦車、三三四門の各種の火器が殲滅されるか、捕獲された。スロバキアのエルツゲビルゲの峡谷に沿って、ソビエト軍は強力な部隊をもって攻撃を開始、アルトゾールの南方および東方においてわずかばかりの拠点を手に入れた。

シュレジエンの防禦戦におけるいままでの中心部では、きのうもまたツォプテンの北方、ゴールドベルクの南方およびラウバン附近での、敵の突破作戦は、わが軍の戦車と特殊歩兵部隊の頑強な抵抗にあって失敗に終わった……。フォルストおよびグーベン両市の外郭附近では、ボルシェビキ軍の数多くの攻撃はわが方の防禦砲火をうけて潰滅し

日本本土方面――

二五、二六日、第五八機動部隊はふたたび東京を攻撃したが、悪天候のためあまり効果はなかった。

この頃、第二一爆撃兵団司令官にカーチス・ルメー少将が着任した。従来の高空からのB29による爆撃精度に不満を抱いていたルメーは、マリアナ基地の完成とともに一回の出撃機数を二〇〇～三〇〇機にふやすと同時に、夜間に普通高度から主として焼夷弾による爆撃をする戦術を採用した。

二月一九日、さらに二月二五日（二三一機）の東京空襲はその実験攻撃であり、ルメーは新戦術の有効性を十分確認することができた。

そして、三月一〇日の「東京大空襲」

の日を迎えることになる。

た。ブレスラウとグローガウの守備隊は、熾烈な市街戦をもって防禦にあたっていたため、敵はとりたてて言うほどの成果をあげることができなかった。

オーデル河戦線についての報道でも、西プロイセンからの報道でも、ソビエト軍の偵察前進は成果なく終わっている。ノイ・シュテッティンとコーニッツのあいだでは、敵は歩兵部隊と戦車とをもって狭い地域ではあるがわが方の防禦線を突破して、北西方向へ地歩を確保することに成功した……。東プロイセンの南部戦線では、はげしい防禦戦の中でわが方の陣地の守備は成功をおさめた。

ザームラントでは、陸軍の部隊は……六日間にわたる戦闘において二個のソビエト軍団の主要な部分を撃破するとともに、断固たる機動的な攻撃によって敵を北東方向に撃退した。その結果、一時中断されていた連絡、すなわち要塞化したケーニヒスベルクへの海路、道路および鉄道による連絡をふたたび確立した。ボルシェビキ部隊の惨憺たる損失は、数千人に上った。五五〇名の捕虜が集められ、五九輛の戦車、四九〇門の重火器、一一〇門の擲弾筒ならびに多数の小火器が殲滅もしくは捕獲された……。

西部戦線では、わが方は砲撃ならびに火焔放射器を使った攻撃によって、クレーヴェ南東の敵部隊の大集合地点を粉砕した。ゴッホ地区ではわが軍の部隊は、一歩も退かずに陣地を死守して、主戦場を敵の猛攻に対してもちこたえるとともに、二三輛の敵戦車を撃破した。ルーア河畔の戦闘は、はげしさを増してきた。リニッヒとデューレンのあいだにおいて、そして特にリューリヒ地区では、アメリカ軍は大量の戦車部隊を戦闘に投入した。わが方の部隊は、敵の攻撃を味方の第二陣地の前方で阻止し、あるいは反撃して撃退した……。アイフェルのノイエルブルク東方では、敵は総力を結集して数カ所でプリューム地区の越境に成功した。ザールブルクでは、双方の側で新たな兵力が戦闘に加わった。

クロアチアでは、サラエボの広い地域における敵側の攻撃活動は最近いちじるしく活発になった。多くの地区では強力な匪賊部隊に対して、はげしい戦闘が展開されている。

アングロ・アメリカのテロ空軍部隊はきのうの日中、ミュンヘン、アシャッフェンブルクおよびリンツならびに西ドイツの各地およびボーデンゼー附近に爆弾を投下した。特にミュンヘンでは、文化的に記念すべき建造物に新たに重大な損害が生じた。昨夜、イギリス空軍機は中部ドイツに飛来した……。

XVI

チャーチルには洞察力が欠けていた――ダンケルクの悲劇――イギリス侵攻は見込みなし――一九四〇年夏にはソビエトの目標ははっきりと読みとれた――スターリン、この生まれながらの圧制者――ユーゴスラビアの脱落――ソビエトの攻撃の脅威――モスクワ条約調印の一周年目に――スターリンの現実感覚についての錯覚

一九四五年二月二六日

イギリスとの和解は不可能であるとの確信に私が到達せざるをえなくなったとき、私は、東部で

は、武力による決定をもとめようと決心した。イギリスに対して最後の手段にうったえるのを避けることによって私が何百回となく立証した、寛大さと騎士道精神とを評価するすべを、チャーチルは知らなかった。私は意図して、ダンケルクから敗走するイギリス軍に犠牲が出ないようにした。

私がまことに苦もなく達成した、ヨーロッパ大陸におけるわれわれドイツ人の指導権を認めることに、彼らイギリス人は頑迷に反対していたが、それを認めることは、彼ら自身にとっても、利益以外のなにものをももたらすものではなかった。ダンケルクから敗走したイギリス兵のうちの、たとえ一人だけでもいいから、そのことを他の人びとにも理解させることができていたならばと、私は思う。

すでに七月の下旬に、すなわちフランスを屈服させてから一カ月後に私は、ひとまず平和は、われわれからさらに遠のいたことを知った。それから数週間たってから、私には、イギリス本土への侵攻は、秋の暴風シーズン前にはもはや成功の可能性がないことがわかった。なぜならば、われわれは制空権を確保することができなかったからである。私は、イギリス侵攻はわれわれには決して成功しないだろうと知った。

われわれが両手にいっぱいの仕事をかかえて身動きがとれなくなっていたときに、バルト海沿岸諸国とベッサラビアとを併合したソビエトの一九四〇年夏の行動は、その本当の目標についていささかも疑いをいだかせはしなかった。しかし、かりに真の目標なるものが実は他に存在していたとしても、一一月のモロトフのベルリン訪問はその事実を完全にはぐらかしてしまったであろう。モロトフ外相の帰国後にスターリンがおこなった提案も、私を欺くことはできなかった。

スターリン、この生まれながらの圧制者は、ただ時間をかせいで、フィンランドおよびバルカンにおける彼の攻撃のための立場を改善しようとしていた。それは、いわゆる猫と鼠の遊びのように時間かせぎがねらいであった。

われわれが五月一五日以前に攻撃できなかったことは、私にとって悲劇であった——しかし、最初の総攻撃でロシアを殲滅するためには、どんなことがあってもこれ以上待つことは、われわれにはゆるされなかった。これに反してスターリンは、毎日いつでも、戦争をはじめることができた。冬の間ずっと、そしてとりわけ一九四一年の新春の最初の何日間かは、ソビエト軍が私を出しぬいて攻撃してくるかもしれないと考えると、私は眠れなかった。本当のところ、アルバニアおよびバルカン半島のキュレナイカにおけるイタリア軍の惨敗は、まったく新たな状況をつくりだすとともに、反乱を発生させた。友好国においても、敵国側においても、われわれの軍隊は不敗であるという名声にかげりがでてきたかに思われた。

最後に、ユーゴスラビアの脱落もおなじ原因によるものであった。この脱落によってわれわれは、否応なく、バルカン半島を戦争にひきいれざるをえない状態に追いこまれたのであった。これは、私が何としても避けたいと思っていた状況であった。しかし戦争がひとたびこの方向に動きだした以上、そのまま進軍をつづけるよりほかはなかった。ロシア攻撃のために準備しておいた部隊のわずかの部分だけで、近東の解放には充分だったであろう。

しかしながら、われわれがわれわれの勢力の中枢部からそんなに遠くまで出かけて行って、その結果、いわばわれわれを襲撃してくれとソビエトに誘いをかけるようなことを、すべきだったのであろうか？　ソビエトは、かならずや夏のあいだに、おそくとも秋には、その襲撃を実行したであろう。しかも秋ともなれば、われわれにとって、勝利へのいかなる希望もナイーブと思われたほど、不利な条件がそろっていた。

ソビエトが象のような辛抱強さを示すのは、ユダヤ人に毒されたデモクラシー国家を相手にした場合だけである。というのは、ソビエトは、これらのデモクラシー国家はやがてひとりでに、外部からの衝撃なしに彼らの餌食になることを知っているからである。それは、慢性的な経済恐慌によってひきおこされた内政的な欠点の結果であり、この経済恐慌は、マルクス主義の病毒におかされた大衆の不満の原因となる。しかしソビエトはまた、国家社会主義のライヒではその賭けは決してできないことも知っている。彼らは、われわれがいかなる関係においても、しかも平和なときには戦争のときよりもさらに、格段に彼らよりもすぐれていることを知っている。

ロシア人の辛抱強さは、唯物史観が彼らに対して危険はなるべく避けること、そして彼らの計画が熟するまで——一年でも、一生でも、必要ならば一世紀のあいだでも、待つことを容認していることからも来ている。時間には金《かね》がかからない。マルクス主義は、その支配下にある大衆に対して地上に天国を約束する。しかし今日のことでもなく、明日のことでもなく、不確かな未来のこととしてである。

しかし、一部分は彼らの強さでもあるこの辛抱強さにもかかわらず、ソビエトはわれわれがイギリスを殲滅するのを拱手傍観することはできなかった。なぜならば、それは彼らにとって、やがて彼らが最後にただ一つ残った国民としてドイツの独裁に情容赦なく引き渡されることを意味していたからである。なぜならば、アメリカと日本はこの場合、中立を守らざるをえないからである。そのときには、われわれが好むならば、いつであろうと、古い請求書をわれわれの方法で清算するであろうことは、ソビエトにとっては疑う余地がなかった。

したがって私にとっては、ボルシェビズムを武力で根絶やしてしまうよりほかに生きる道はなかった。そこで私はモスクワ条約調印一周年の記念日にこの決意を固めた。私の確信では、スターリン自身はすでに調印の前に決心を固めていて、最も有利な瞬間にライヒに侵攻するつもりだったと思う。

丸一年間というもの、われわれは、度はずれた友好的な協力とはいかないまでも、理性的な協力ならばスターリンとのあいだで可能であるという希望をいだきつづけていた。私は想像した――スターリンが権力と責任とを背負った一五年間は、一人のレアリストを――スターリンは疑いなくレアリストである――わけのわからないマルクス主義イデオロギーの青くさい思想から解放したにちがいないと。このイデオロギーは、単なる阿片として、ずっと異国民のために備蓄されてきたものであった。

ロシア帝国の破壊という目的を達成したユダヤ人の知識階級は粛清されてしまったが、この粛清の残虐さは、その推測を強く裏づけているかのように思われた。スターリンは、これらのユダヤ人の知識人たちに、彼の心象として存在していた大ロシア帝国の構想を感染させないように、時機を逸せず予防措置を講じようとしたものと、想像せざるをえない——大ロシア帝国は、あの汎スラブ主義の目標であり、それは実は、根本においてはピョートル大帝の精神的遺産の継承にすぎない。

双方の側〔ドイツとソビエト〕は、それから——もちろん、橋渡し不可能な対立があることをたがいに完全に認め合った上で——永続的な和解をささえる柱をつくる努力をはじめるべきであった。すなわち、たがいの勢力圏の正確厳密な区分とその尊重、ならびに相互の利益を保証した上での、単なる経済的な協力。準備おさおさ怠りない状態においての、しかも指を引き金にかけたままでの和解！

XVII

ヨーロッパの最後のチャンス——新しいヨーロッパは廃墟の上にのみ建設されうる——ナポレオンの運命——いつもいつもイギリス——合衆国と世界のユダヤ人の鞭

一九四五年二月二六日

私はヨーロッパにとって最後のチャンスである！　新しいヨーロッパは、議会での票決によって議会での票決によってではなく、討論や決議にもよることなく、暴力によってのみ、生まれてくる。

新しいヨーロッパは、廃墟の上にのみ建設が可能である。私が言おうとしているのは、正気の沙汰とは思えない物質的破壊の結果である瓦礫の山のことではなく、私益という名の、偏狭という名の、過去の遺物となった自国本位の国家主権という名の、そして愛国心至上主義の偏狭な政治という名の、精神的な廃墟の上にということである。ヨーロッパは、すべての人の利益のために、そしてまた、すべての人の犠牲において建設されなければならない。このことをナポレオンは完全に認識していた。

この偉大なコルシカ人の苦悩に、私以上に完全に同感できる者は他にはいない。彼は——平和を征服しようとする野心にとりつかれて——たえず新たに戦争を行なうべく強いられていた——今度こそは平和をかちとるのだという希望を、つねにいだきながら。一九四〇年の夏以降、私は彼とおなじ精神の苦悩を味わっている。

出てくるのは、いつもイギリスである。ヨーロッパ大陸の生きる権利に対して閉鎖的な、あのイギリスとおなじイギリスである。

なるほど、イギリスはあれ以後、老いて脆くはなっている。しかし、それゆえにいっそう悪賢くなり、しかも堕落している。そして、その破壊的で反自然的な行動の中で、イギリスは合衆国という助けを見出した。この合衆国は合衆国で、世界のユダヤ人全体の鞭によって支配されている。この永遠のユダヤ人は、われわれの不和によって生きつづけ、そして将来もその不和から蜜を吸いとろうと期待している。

この日の戦況ならびにドイツの各都市の運命について、わけても一九四五年二月二七日に報道された国防軍総司令部の発表は、つぎのように伝えている——

ハンガリーでは、ボルシェビキどもの作戦はプラッテンゼーの東端における偵察前進にとどまったが、成果はなかった。わが方が敵のグラン橋頭堡を粉砕した際に敵側がこうむった惨憺たる損失は、最終的な確認によると二万人以上にのぼっている。

ホーエ・タトラ山とブレスラウ南方の地域のあいだではこの日、わずかな戦闘行為があっただけで、戦線の推移にはなんらの変化もなかった。敵は歩兵部隊と戦車部隊をもってツォプテン、ゴールドベルクおよびラウバン地区に拠点をつくろうと、くりかえしこころみたが、すべて失敗にた。

ビルマ方面——

二八日、イギリス第四軍団は、メイクティラに対し強力な攻撃を開始した。日本軍の統帥部は同部の存在を知っていたが、それはチンディット部隊のような軽装備の部隊にすぎないと信じていた。したがって日本軍は、メイクティラの基地の守備は現地の部隊に委ねていた。それは重大な誤まりであった。メイクティラは、マンダレー周辺およびその北方の全日本軍にとって、死命を制する交通の中心地であっ終わった。ラウジッツのナイセ河畔のわが軍の橋頭堡の前方では、きのうもまたボルシェビキたちは何回となく攻撃をこころみたが、いずれも多大の損失を出しただけで潰滅した……。

中部ポンメルンでは、増強されたわが方の部隊は、ブーブリッツおよびルンメルスブルクの外郭地帯において、北西方面に進撃中のソビエト軍の高速部隊に対してはげしい防御戦を展開中である。トゥーヘルの草原では、敵はわが軍の反撃によって南の方向へ撃退された。東プロイセンおよびザームラントの戦線では、これまでの甚大な損失におそれをなしたボルシェビキたちは、わずかにクロイツブルクの北西の地区において、従来とおなじ兵力で攻撃してきただけであった。数日来、はげしい戦闘をつづけているわが方の師団は、この地区において、戦車群に支援された多数の敵歩兵部隊の突破作戦を挫折させた。クーアラントでは、リバウ南東における防御戦の七日目も、完全な防衛の成果をあげた。

非常にはげしい砲撃による準備をおこなった後、カナダ

（メイクティラ付近での攻防は一ヵ月余に及んだが、四月に入り、日本軍は耐え切れず撤退を開始、これにより日本軍のビルマ全戦線は崩壊する。五月二日、ついにラングーンから撤退した）

硫黄島方面――

二七日、第五八機動部隊の艦載機はふたたび硫黄島を攻撃し、海兵部隊に支援を与えた。攻撃の重点は、第二飛行場を見おろす日本の三陣地であった。三日にわたる猛攻にもかかわらず、日本軍はまだ同陣地を死守していた。（およそ一ヵ月の激戦ののち、三月二五日夜半、日本軍の最後の突撃が敢行され、ついに玉砕、全滅した。日本軍の守備部隊約二万七〇〇〇人のうち捕虜となったのはわずか二〇〇人強。アメリカ軍の戦死者は六〇〇〇人、負傷者は

の第一軍はニーダーラインとマース河のあいだで、総攻撃を再開した。カルカルの南とゴッホの南西で、敵はわが軍の陣地に突入した。わが方の予備軍は、攻撃してくる敵兵を阻止するために反撃し、その結果、防禦戦線の統一は守られた……。

わが軍の砲兵部隊はダンケルクの前方において、攻撃をしかけようとした敵戦車隊を粉砕した。

北アメリカ空軍の爆撃機の編隊はきのうの日中、ライヒの首都〔ベルリン〕に対してテロ攻撃を行なった。住民のあいだに犠牲者と、住宅地区に大きな被害が出た。そのほかにも、多数の文化的建造物および病院が破壊された。イギリス空軍の爆撃機は、西ドイツ地域と、そして夜間にはベルリンを攻撃した。

一万七二〇〇人を数えた）

三月一〇日は「陸軍記念日」であった。この日、マリアナ基地を飛び立ったB29三三四機が、午前〇時八分、東京湾から侵入、合計一七八三トンの焼夷弾を現在の江東区から中央区を中心とする下町に投下した。

空襲は二時三七分に終了し、火災は八時に鎮火したが、東京の四割が焦土と化した。

焼失家屋約二七万戸、死傷者約一二万四七〇〇人、罹災者約一〇〇万人。

これ以後、日本の都市に対する大空襲が次々と行なわれる。

XVIII

全面敗北の結果——戦勝国によって寸断されたライヒ——けだもののようなボルシェビキたち、アメリカのギャングども——不滅のライヒ——人種理論の法則——国家社会主義の永遠の貢献はドイツと中部ヨーロッパのために——ライヒの不和の要素および統一——イギリスとイタリアの悲劇——堕落したフランス、五等国——ドイツの将来にとって日本、中国およびイスラム諸国がもつ意味——独立ヨーロッパの敵としての両巨大国——その勢力抗争におけるドイツの役割——ユダヤ的マルクス主義から解放されたロシア——アメリカという巨人ベビー、粘土でできた巨像——黄色人種のチャンス——白人種の民族が生き残るための不可欠の前提

一九四五年四月二日

もしもわれわれがこの戦争で敗北を余儀なくされるとすれば、そのときは、われわれにとって全面敗北しかありえないであろう。われわれの敵は彼らの目標を高らかに宣言して、彼らの意図についてわれわれがいかなる幻想もいだくべきでないことを知らせてくれた。世界のユダヤ人全体、ボ

ルシェビキども、および彼らに従う貪欲なハイエナの大集団。彼らは、国家社会主義のドイツが破壊され、殲滅され、そして完全に解体されてしまうまでは、けっして武器を手放しはしないであろう。

これほどまでに対立する二つの世界観がぶつかりあっているこの戦争では、たたかいがどちらか一方にとって不幸な経過をたどるとき、その結果は否応なしに全面敗北を意味する。それは、双方の側において、すべての力を出し尽してしまうまでつづけられるたたかいであり、したがってわれわれは、われわれを待ちうけているものが何かを知っている。すなわちわれわれには、勝つまでたたかうか、それとも最後の血の一滴までもちこたえるかしかない。

敗北を考えるということは、耐えがたいことである。戦勝国によって寸断されたライヒのこと、けだもののようなボルシェビキたちや、アメリカのギャング兵どもの無法行為のなすがままにまかされた住民の苦しみを思うと、私は身の毛がよだつ！　しかしながら、身の毛がよだつようなこれらのできごとを予想しても、ドイツ国民の未来に対するゆるぎない確信を私から奪うことはできない。われわれの苦しみが多ければ多いほど、不滅のライヒはいよいよますます、あざやかな姿で復活するであろう！

ドイツ人の国民性にひそむ特殊な能力、すなわち、国家的な自己主張の固執がかえって国家の存続をおびやかすようになると、いつも政治的冬眠状態に入るという特殊な能力は、もういちどわれわれのために役立ってくれるであろう。もっとも私自身は、衰退した第三ライヒの後につづくであろうドイツのこのような過渡的な段階を、生きて体験することはできないが。

一九一八年にわれわれが体験した屈辱と裏切りとがどのようなものであったにせよ、それは、これからわれわれが心をきめてかからなければならぬ苦しみとくらべれば、まったく問題にもならないであろう。一二年間の国家社会主義政権の後に、このような可能性が出てこようとは理解しがたいことだ！　国民に英雄的な偉大さをもたらしたエリートたちを失なったドイツ国民が、これから何年間にもわたって汚泥の中にのたうちまわって生きなければならないなどということは、理解しがたい！

ゆるぎない誠実さをもって自己の信念をつらぬき通そうとする者のために、いかなる道徳の法則が、いかなる規範がありうるのだろうか？　土足で踏みつけられたドイツ国民は、その国家的な無力の状態の中にあって、われわれがあたえた人種理論の法則を高くかかげ通すために、つねに努力すべきであろう。

道徳的にますますユダヤ人の病毒におかされている世界では、この毒に対して免疫性をもった国民のみが、最後にはついに強者として君臨するであろう。かく考えてみれば、私がドイツと中部ヨーロッパからユダヤ人を根絶やしにしてしまったことに対して、ひとびとは国家社会主義に永遠に感謝するであろう。

第二番目の基本的な掟は、すべてのドイツ人の不可分の統一を維持することでなければならない。すべてのドイツ人の統一の中に、はじめて、われわれの国民としてのもろもろの価値が発展する。

すなわち、われわれがプロイセン人、バイエルン人、オーストリア人であることをやめて、ドイツ人以外のなにものでもなくなったときに、である。プロイセンの人びとが、すべてのドイツ人をビスマルクのライヒに統合しはじめたとき、彼らはその行動によってドイツ国民に対して、何十年ものあいだ、ヨーロッパ大陸の、名実ともに最初の国民としての座を占めるチャンスをひらいてくれた。

私がこれらすべてのドイツ人を国家社会主義の第三ライヒに統一したとき、私は彼らをヨーロッパ建設の指導者につくりあげた。

たとえどんなことが起ころうとも、ドイツ人にはけっして忘れてはならないことがある。すなわち、彼らにとってつねに大切なのは、不和の原因となるような分子を排除するとともに、倦むことなくライヒの統一のために努力することである。

外国および周囲の世界に対するわれわれの関係についていえば、不動の法則をたてることは、まったく不可能である。なぜならば、前提となる条件がたえず変わっているからである。

私は二〇年前に、ヨーロッパ全体をみてみると、ドイツにとって可能性のある同盟国は二つしかない、すなわちイギリスとイタリアである、と書いた。しかしながら運命は私に対して、この認識から論理的な帰結として出てくる政策を実行にうつすことを拒否した。かりにイギリス人が世界帝国にふさわしい力はまだ持っているとしても、彼らにはすでに、この世界帝国を維持してゆくために必要な道徳的な価値が欠けてしまっていた。外見上は、彼らは世界を支配していた。実際には、彼ら自身はユダヤ人世界の支配下にあったのである。

イタリアは、古代ローマの政治的野心をふたたびとりもどした。それは、野心は持っていたかもしれないが、しかしそのほかの特質——道徳的なきびしさや物質的な力は持っていなかった。イタリアの唯一の長所は、一人の正真正銘のローマ人の指導の下にあったということである。この人物にとってなんたる悲劇！　そして、この国にとって、なんたるドラマ！　必要な物質的基礎なしに、あるいはこの基礎を創造する可能性さえないのに野心をもつということは、国民全体にとっても、個々の人間にとっても、この上ない不幸である。

まだフランスのことが残っている。二〇年前に私は、この問題について私が考えていることを書いた。フランスはドイツ国民にとって、つねに先祖代々からの宿敵として存在するであろう。その女性的な弱々しさの発作とそのヒステリーとは、ときにはわれわれの目をごまかして、フランスの行動の意味を過少評価させたことさえあった。しかしながら、かりにフランスがもっと弱くなったとしても——それは大いにありうることだが——そのためにわれわれの不信感が気をゆるめるようなことが、絶対にあってはならない。もちろん、軍事大国としてのフランスはすでに過去の話であり、この点ではわれわれの脅威となるようなことは、もはや絶対にないであろう。

この戦争には——それがどんな結果に終わるにしても——少なくとも一つだけいいことがあったと思う。すなわち、フランスを五等国に格づけしてくれたことである。しかしそれにもかかわらず、われわれにとってフランスが依然として危険な存在であることに変わりないとすれば、その理由はただ一つ、すなわち神をもおそれぬその頽廃性と政治的なおどしをかける術とによって、相手に有無をいわせぬからである。だからこそフランスに対しては、たえざる不信感と用心こそが必要である。ドイツ人たるもの、寸時も注意をおこたることなく、この魔女《ジレーネ》の甘いささやきに決してだまされてはならぬ！

外国に関しては、単純な基本的規則一本槍では役に立たないから——なぜならば、つねに状況に適応してゆくことが必要である——とにかく確実にわかっていることは、ドイツはつねに、本質の上からユダヤ人の病毒に対して免疫性をもっている国民のあいだに、最も信頼するに足る友人を見出すであろうということである。

私は、日本人と、中国人と、そしてイスラム諸国民とは、われわれにとって、たとえばフランスよりもつねに身近な存在であると確信している。しかもこのことは、ドイツ人とフランス人とのあいだに存在している血のつながりにもかかわらず、である。

あたかも不幸が天命であったかのように、フランスは何世紀ものあいだに堕落の途をたどるとともに、その指導的階層はユダヤ精神の従属物になりさがった。それは、もはや元の状態にもどすことが不可能な範囲にまでひろがってしまっている。フランスは、ユダヤ人の政治をおこなうべく決定づけられてしまったのである。

ライヒが敗北した後、アジアと、アフリカと、そしておそらく南アメリカにおいても、国家主義の運動が台頭するまでは、たがいに対等の立場で対決することのできる力をもった二つの大国だけが世界に存在することになろう。すなわち、合衆国とソビエト・ロシアとが。歴史および地理的な位置から出てきた法則によって、この両大国は力を競いあうべく定められている。それが軍事的な領域であれ、単に経済的またはイデオロギーの領域であれ。

おなじ法則性からいって、この両大国はかならず独立ヨーロッパの敵となるであろう。しかしアメリカにしてもソビエト・ロシアにしても、必然的な成り行きからいって、晩かれ早かれ、ヨーロッパでこの戦争を生き延びるであろう唯一の大国民の助けを確保しようとするであろう——ドイツ国民の助けを。

しかし私は厳粛に宣言する。世界中のいかなる代償をうけようとも、いついかなるときであろうと、ドイツ人はアメリカ人あるいはロシア人の勢力争いのお遊びの中で、助っ人に利用されることはゆるされない、と。

世界観的な立場からいって、何がわれわれにとって道徳的により有害なのか、すなわちユダヤ人の思想に侵蝕されたアメリカニズムか、それともボルシェビズムかを、いまこの瞬間にきめることはむずかしい。

さまざまな関係から圧力をうけて、いつの日かユダヤ的マルクシズムから手を切って、最も残酷で最も野蛮の形に変質した、不朽の汎スラブ主義にのみ一身をささげることが、ロシア人にはできる。アメリカ人はアメリカ人で、もしも彼らがきわめて近い将来にニューヨークのユダヤ人の桎梏をはらい落とさないかぎり——ついでながら、これらのユダヤ人は、みずから己が生存の基礎をうばおうとしている――アメリカ人は、亡びてゆくほかはないであろう、およそ国家政治の理性という段階に一度も到達することなく。

アメリカ人には、無限の自然の力と、あのような、精神的にどうしようもない状態とが共存していて、巨人ベビーを思い起こさせるが、この巨人ベビーでは、理性は、病的な急成長のために栄養が充分にゆきわたらないでいる。ひとびとはこうたずねることもできよう。すなわち、アメリカの場合には茸《きのこ》文化という例が該当しないだろうか、と。つまり、成長も早いが、くずれ落ちるのも早い茸のような文化の例が。

もしもアメリカが、純粋な群衆心理と、いわゆるキリスト教科学なるものとに依拠した、現在の唯我独尊的な道徳に代わって、素朴な子供っぽさのもっと少ない人生観をかちとることに成功しなければ、地球のこの地域が、あとまだどのくらい白人種の優先的支配下にとどまれるものか、疑問である。そのときがくれば、粘土でできたこの巨人には、ロケットのように急激な上昇をとげた後に、結局、自己破壊の能力しかなかったことがわかるであろう。

このような堕落に直面したとき、黄色人種にとって何たるチャンスであろうか！　法的および歴史的にみれば、彼らは一六世紀のヨーロッパ人とおなじく、地球のこの部分への侵入の点ではまったく同等の権利があるといえよう――あるいは、正確に考えれば、ヨーロッパ人にも黄色人種にも、おなじく侵入の権利はないというべきであろうが！　しかし、日ごとに増加してゆく黄色人種の栄養失調の人民大衆は、この人種に対して飢えた者の権利、すなわち飢えをいやす権利をあたえている。そして、これこそが歴史がみとめているただ一つの権利である――この権利には力が味方している、という前提のもとに。

どんなことが起ころうとも、二つの大きな戦争によってわれわれが引きずりこまれたこの残酷な時代において、変わることのない自然法則がある。すなわち、もちこたえる力をもち、しかもすべての希望を失なってもなお、死ぬまでたたかう勇気をすてることのない白人種民族だけに、生きのびて新しく花を咲かせる将来へのたしかな見通しがあるということだ。しかしながら、これらの特性は、身体の中のユダヤ人の病毒を殲滅し去った民族にのみ、固有のものとなるであろう。

一九四五年四月三日の国防軍総司令部発表の戦況そのほかの報道から――

東部戦線の南地区における防御戦は継続中である。プラッテンゼーの南西方面では、ナジカニツザ地域から攻撃してきたソビエト軍は、わが軍の防御線に深く突入した。……ノイジードル湖の西方では、わが軍の師団の頑強な抗戦にもかかわらず、敵部隊はバーデン南方の地域まで進出してきた。プレスブルク周囲の外側防御線に対するボルシェビキ軍の攻撃は撃破された。テュルナウの北西部およびワー

沖縄方面の海軍と航空作戦――

四月二日、アメリカ軍が通例のように砲爆撃の支援を加え、さらにイギリス空母群が先島諸島に攻撃を行なった。神風機の攻撃で、アメリカ輸送船四隻が命中を受け、乗船していた陸上部隊が多大の損害を受けた。三日には護衛空母一隻およびそのほかの艦船が損傷し、五日には戦艦ネバタが陸上か

クの両側では、ソビエト軍の圧力は北西方面に向かって強化された。

オーバーシュレジエンでは、敵軍はロスラウとイェーゲルンドルフとのあいだで、ふたたび突破作戦を開始した。……ブレスラウの西方の戦線に対してボルシェビキ軍は、戦車および戦闘爆撃機に掩護された攻撃を継続中である。勇敢なわが軍の守備隊は、僅少な突入をゆるしただけで陣地を死守した。二月一二日以来、包囲されていたグローガウ要塞の守備隊は司令官オイレンブルク大佐の指揮のもとに六週間以上にわたる戦闘において、重要なオーデル河渡河点をすべて敵軍に対して遮断するとともに、ソビエト軍の強力な部隊を拘束していた。せまい地域に圧縮された勇敢なわが守備隊は、最後の弾薬を射ちつくした後、敵軍に制圧された。

ダンチヒ湾ではボルシェビキ軍の攻撃は、オックスヘフター・ケムペおよびヴァイクセル河沿岸西方の平野において依然としてはげしい勢いでつづいている。……クーアラントでは、ドブレンの北西部でくりかえされた大隊規模の

らの砲撃で被弾した。また四日から始まった悪天候のため、多くの上陸舟艇が損傷した。

六日には多数の神風機が沖縄付近の艦船に攻撃をかけ、空母サンジャシント、イラストリアスおよびそのほかの艦船二五隻が被害を受けた。小艦艇一〇隻が行動不能となった。これらの戦闘でイギリス空母の装甲デッキはその効果を発揮した。

南西諸島方面——

四日、沖縄本島のアメリカ軍は、ようやく日本軍の最初の本格的な抵抗にあった。右翼隊のホッジ軍は久場南方の線でその前進を阻止された。左翼のガイガー隊は市川峡谷に達した。

南シナ海の海軍作戦——

四月六日、巨大戦艦大和は、巡洋艦

ソビエト軍の多くの攻撃は成果なく終わった。

　ニーダーライン＝アイセルの三角地帯では、ツトフェンとライネのあいだできのう、北方および北東方向へ進撃する強力なイギリス軍戦闘部隊に対して、はげしい防禦戦が展開された。トイトブルクの森の、テックレンブルクの両側における敵軍の攻撃は、高地につくられたわが軍の防禦砲火によって中断されたままにおわった。ビーレフェルトの南方でアメリカ軍は、ヘルフォルト方向に深く突入することに成功した。……アイゼナハの北方、ワールブルクおよびヴェラの地域では、敵軍の圧力はつづいている。カッセルではアメリカ軍は、はげしい戦闘の後に市内への進撃に成功した。……フルダの地域およびその南西のキンチヒ河の近くでは、わが軍の部隊は、特に東側の河岸における敵の攻撃を阻止した。シュペッサルトから前進を開始したアメリカ軍は、ローアの近くでふたたびマイン河岸に達したが、他方、ヴュルツブルク――バート・メルゲントハイムの西方では、わが軍の陣地の手前で阻止された。ネッカー河岸のヴィムフェンとブルーホザールのあいだで、敵軍

一隻および駆逐艦八隻をともない、瀬戸内を出撃し、沖縄に対して特攻攻撃に向かった。……アメリカ潜水艦は大和を数回にわたって発見し報告した。

　四月七日、アメリカ空母部隊は大和を発見し、その三八〇機が二波に分かれて攻撃を加えた。大和は魚雷一〇本および爆弾五発の命中を受け、海中に没した。……


　国内では、四月五日、小磯国昭内閣が総辞職し、七日、鈴木貫太郎内閣が成立する。

　一二日、ルーズベルト大統領が脳出血のため死亡し、代わってトルーマンが大統領に就任した。

は数ヵ所の強行突破作戦に成功した……。

イタリア戦線ではブリテン人部隊は強力な砲撃の後に、アドリア海とコマキオ湖とのあいだの狭い陸路を通ってわが軍の陣地に進入してきたが、まもなくわが方の集中砲火によって阻止された。

アメリカ空軍の爆撃機の編隊は、南東ドイツの空域に進入したが、その際、特にグラーツ、ザンクト・ペルテンおよびクレムスに被害をあたえた。夜間、イギリス空軍機はライヒの首都を攻撃した。

解　説

篠原正瑛

戦時下のベルリンにて

ドイツ最大の哲学者、イマヌエル・カント（一七二四―一八〇四）の故郷の地として有名なケーニヒスベルク（東プロイセン地方の首都《ガウ》であったが、一九四五年のドイツ敗戦と降服後はソ連の領土となり、その名もカリーニングラードと改められた）で、一哲学徒として一年あまりの学究生活を送った私がふたたびベルリンの下宿に戻ってきたのは、一九四四年の八月半ばのことであった。一年あまり前、私がベルリンのフリードリヒ・シュトラーセ駅から夜行の寝台急行列車でケーニヒスベルクへ発ったときには、まだ比較的静かなたたずまいを見せていたベルリンも、わずか十数カ月のあいだに、すっかり変貌してしまっていた。街のあちこちに、猛烈な空襲の跡をものがたる大きな瓦礫の山が目につき、大ベルリンと呼ばれていた市全体が騒然とした空気につつまれているように思われた。

私がベルリンの下宿に戻るやいなや、待ちかまえていたかのように、ベルリンの日本大使館とドイツの外務省から、至急会って相談したいことがあるからすぐ出向いてもらいたいという連絡があった。その相談というのは、ベルリンから北へ六五キロほど離れたテンプリンという、人口六〇〇〇ほどの小さな町にあるヨアヒムスタール・ギムナジウム（九年制の全寮制高等学校）に、西ドイツのギムナジウムでは初めて日本語が必修課目として採用されることにきまったので、私にその授業を担当する専任の教授になってもらえまいかということであった。

そのときはすでに、ドイツの決定的敗北はだれの目にもあきらかであった。緊急の用事をかかえた在留邦人以外の日本人はすべて中立国への脱出か、ドイツ国内の安全な地域への避難の準備をはじめていた。したがって、これからギムナジウムの日本語の先生をひきうけてテンプリンくんだりまで赴任しようなどという物好きな日本人は、私の他にはひとりもいなかった。

私のテンプリン行きの話がベルリン在留の日本人のあいだに伝わると、友人たちはことごとく反対した。朝日新聞のベルリン支局長として仕事の関係上、私と親しかった守山義雄氏は「たしかに、君がその仕事をひきうけなければ、いまドイツにとって最も頼りになる同盟国日本として友邦に大きな義理を欠くことになるでしょう。しかし、いまは君自身の身の安全をはかることの方が大切なのだから、その話はきっぱりと断った方がいい。そして君自身もこの際ベルリンから絶対離れないようにして、いざというときには即座に大使館の保護をうけられるよう、充分に準備をしておくべきです」と私を説得した。そして、これは同時に、私がこの問題についてつっこんで話し合った親しい友人たちの代表的意見でもあった。

私は、しばらく決心がつきかねていた。しかし、大使館の方もなかなか引っ込まなかった。そして、日本側を代表してこの問題を担当していた大使館二等書記官の杉浦宏氏が、私との交渉のさなかに、こんなことを言った——「このような時期に君にこんな話をもちかけるのは、大使館の責任者のひとりである私としてもまことに心苦しいことだが、万一、君に断わられてしまえば、大使館としては他に頼む日本人はだれもいないのです。ドイツの外務省、特に外相のフォン・リッベントロップが殊のほか肩入れして、日本側と協力してくれてやっと実を結んだこの話に、いまになって日本側の方でそっぽを向くということになれば、ドイツがいま最も頼りにしている同盟国の日本までがドイツを見限ったことになり、担当のわれわれ大使館員としても、ドイツ人の同僚たちに合わせる顔がありません。この件について君に何か特別に希望があれば、どんな条件でもいれるようにするから、何とかして承諾してはもらえないだろうか……。」

結局、私はとうとうテンプリン行きを決意した。その理由は、一つには杉浦氏の外務官僚には稀有ともいうべき誠実味のあふれた人柄（彼のこの人柄は、戦争が終わって数年後、私が日本に帰って偶然、外務省で杉浦氏と会ったときも、私を裏切らなかった）に打たれたことと、二つには、私の好きなドイツの難儀に見て見ぬふりはできないという、私の持ち前の〝江戸っ子気質〟が納得しなかったこと、三つには、大学以外のドイツの学校、つまりギムナジウムか国民学校で一度でもいいから教鞭をとってみたいという、私自身のかねてからの願望が強くはたらいたからであった。

テンプリンは、直線距離にすればベルリンの北方六五キロほどのところだから、それほど遠くはない。自動車でとばせば一時間足らずで着けるところである。しかし一般の交通の便はきわめて悪く、ベルリンの主要なターミナル駅の一つ、シュテッティン駅から鈍行（急行の便も、準急の便もない）で行くと、鉄道線路にしてわずか九三キロの距離に、なんと三時間もかかる。しかも、ベルリンを発ってから一度、中間のエーベルスワルデという駅で、別の線の鈍行列車に乗り換えなければならない。そのころは戦争もすでに最終段階ともいうべき末期の末期に入っていたので、列車同士の接続の時間がきわめて不正確で、ふだんの時なら一五分か、せいぜい三〇分程度の待ち時間ですんだのに、一時間から二時間以上も待たされることだってめずらしくなくなっていた。あるときなど私は、午後三時半すぎの汽車でベルリンのシュテッティン駅を発ったのに、なんと夜の一〇時すぎにやっとテンプリンに着いたことがある。

それでも、私がテンプリンに赴任してから翌年の一月末までは、テンプリンとベルリンとのあいだには、気息奄々の状態ながらもまだ鉄道の連絡が機能していて、一日に二本か三本の列車が走っていたが、二月に入って間もなく、その鉄道も完全に止まってしまった。こうして私はついに、否応なしにテンプリンに罐詰めにされてしまったのである。

私が住んでいた下宿の建物はちょっとした高台に立っていた上に、当時のドイツには現在のような高層ビルがまだなかったので、北側の台所の窓から遠望すると、はるか彼方のベルリンの空が真っ赤に燃えているのが、来る夜も来る夜も眺められた。連日連夜の連合軍空軍の猛爆によって、さすがの大ベルリン市も、全体が火の海と化してしまったのであろうか。

ヒトラーが東プロイセンのケーニヒスベルクから南へ一〇〇キロあまり離れたヴォルフスシャンツェの総統大本営から撤収して、ベルリンの総統官邸の地下壕に移ったのは一九四五年一月、すなわち私がテンプリンの下宿の北側の窓から燃えるベルリンの空を眺めていたころである。一九四三年夏から一九四四年夏にかけて、私がまだケーニヒスベルクに滞在していたころ、「ここからあまり遠くないところに総統大本営があって、ヒトラーはそこにいるらしい」という噂を何回か小耳にはさんだことがある。そのとき私はヴォルフスシャンツェという地名はまだ知らなかったが、当時ソ連軍はケーニヒスベルクからはずっと離れたところまでしか進撃していなかった。そして、その進撃の速度も遅々たるもので、予備砲兵大尉として召集されていた私の下宿の主人も、「ソ連兵がケーニヒスベルクの市内に入ってくるのは、まだまだずっと先の話ですよ」と、かなり楽観的な意見をのべていた。おそらくヒトラーはそのヴォルフスシャンツェの総統大本営に腰をおちつけて、そこから東部戦線のドイツ軍全体の指揮をとっていたのであろう。

ベルリンの総統官邸の地下壕は、東部戦線に近いヴォルフスシャンツェの大本営のそれのように堅牢には造られていなかったらしく、至近弾が落下すると地下壕全体が大地震に見舞われたようにゆれて、メリメリという音を立てるので、ヒトラーは傍らにいる建築技師で軍需相のアルベルト・

シュペーアに向かって、「君、大丈夫だろうか?・」と聞くことがたびたびあったという。シュペーアは、当時有名になった広壮で豪華な総統官邸とともに、この地下壕を設計した本人である。当時、爆弾もしだいに大型化しつつあり、一発で何トンという代物まで出現していたので、ヒトラーも不安を感じたのかもしれない。この話は、当時ヒトラーとその地下壕で起居をともにしていた側近の軍人の一人が、回想録の中で語っている。

一九三九年夏のポーランドへの侵攻がはじまってから、その後の何カ月間は、破竹の勢いで進撃をつづけるドイツ軍にまともに立ち向かえる敵がなかった。そのドイツがいまやここまで追いつめられて、目前にせまった敗北を覚悟しなければならない日が来ようなどとは、おそらく夢にも思っていなかったヒトラーは、最前線の大本営なみに堅牢な地下壕など、ベルリンの総統官邸には必要ないとでも考えていたのであろうか。

〝遺言〟の口述

さて、この〝遺言〟は全体で十八章から成り立っている。日付を追っていうと、一九四五年二月四日に始まって、二月六日、二月七日、二月一〇日、二月一三日、二月一四日、二月一五日、おなじく二月一五日、そしてもう一度二月一五日、それから二月一七日、二月一八日、二月二〇日、二月二一日、二月二四日、二月二五日、二月二六日とつづいた後、もう一度二月二六日が出てきてから、そこでいったん打ち切られて、——正確には中断されて、というべきかもしれない——それから三五日間という空白期間をおいて、突如として四月二日に再開されるが、しかし、わずかこの一日だけで〝遺言〟は終わっている。

〝遺言〟が一九四五年二月四日に始まっていることの理由は、フランソワ・ジュヌー氏が彼の「緒言」の中で述べているとおりであろう。しかし、その〝遺言〟が二月二六日で中断された後、三五日間という空白期間をおいてから突如として四月二日に再開されはしたものの、わずかこの一日だけで終わってしまったことについては決定的な理由はまだ発見されていないと、ジュヌー氏は言っている。

四月二日に〝遺言〟の最後のページがボルマンの手でタイプされてから二八日目の四月三〇日に、ヒトラーは晴れてヒトラー夫人となったエバ・ブラウンとともに自決した。しかし、情容赦なく足早にせまってくる死を目前にして、いままでのような冷静な精神的状況を維持しながら〝遺言〟しつづけてゆくだけのゆとりが、三月に入ってからのヒトラーにはたしてあったであろうか。

ヒトラー自身にとっては、そしてもちろんボルマンにとっても、〝遺言〟の作成はたしかに懸案の重要な課題であったにちがいない。しかし、〝遺言〟をつくることだけが二人にとって唯一の最後の仕事ではなかったはずである。むしろ、ヒトラーにとって最後の瞬間が刻一刻と近づいてきたいま、緊急に裁決しなければならない重要な問題は、ほかにも山積していたにちがいない。

なるほど、〝遺言〟は日付を追って書かれてはいるが、それはあくまでも日付そのものについてだけ言えることであり、前の日付と後の日付の内容には相互に必然的な関連はない。いうならば、それぞれに異なった日付の内容の一つ一つが独立した一篇をなしている。したがって、それぞれが完結した一章であるといってもさしつかえない。もともとこの〝遺言〟は、一種の日記としての機能を果たすために書かれたものではないのである。

一九三二年から一九四五年までのヒトラーの公的な言動を細大もらさず集めて、詳細な註をつけたマックス・ドマールスの大著『ヒトラー』（四分冊、全部合わせると二三〇〇ページを超える）の、一九四五年三月から四月にかけての項をしらべてみても、特に〝遺言〟の中断と直接結びつくような出来事は見当らない。強いていうならば、特にソ連軍の急進撃によって戦況が極度に悪化するとともに、ヒトラー自身も、ドイツの敗北をもはや動かしがたいものとして意識しはじめたことであろうか。

最後の最後の瞬間までフリードリヒ大王のあの有名な故事にならって、かならずおなじような奇蹟が起こることを期待してドイツの勝利を確信して疑わなかったヒトラーではあったが、一九四五年の新年をむかえると、いまやだれの目にもあきらかになってきたドイツ全土をおおう全面的な敗色の影に、さすがに彼のその信念もゆらぎはじめたようである。

ヒトラーもついに東部戦線における直接の陣頭指揮を断念して、総統大本営をベルリンの総統官邸の地下壕に移したが、この事実も、彼がうけた衝撃の大きさをものがたるものであろう。ここまで追いつめられてはじめて、彼が後世のドイツ人のために〝政治的遺言〟を残すことを考えたとしても、けっして不自然ではない。

ちなみに、フリードリヒ大王の有名な故事というのは、この〝遺言〟の第二章（一九四五年二月六日付）の後半の部分にヒトラー自身の口からくわしく語られている。それは、いわゆる七年戦争（一七五六―一七六三）のとき、プロイセン軍の敗北によって服毒自殺寸前にまで追いつめられたフリードリヒ大王を救い、ついにプロイセンを勝利にみちびいた〝奇蹟〟の話である。そして、ヒトラーが待ち望んでやまなかったその〝奇蹟〟は、実際に起こった。それは、アメリカ合衆国の大統領フランクリン・デラーノ・ルーズベルトの突然の死であった。

四月一七日のことであった。地下壕のゲッベルスが、たまたまフリードリヒ大王と〝奇蹟〟の故事を持ち出してヒトラーを元気づけていたとき、突然、地下壕の電話の一つがけたたましく鳴りひびいた。ある種の予感と興奮のために顔面蒼白となったゲッベルスは、バネのように飛びあがると電話にとびついて、ふるえる手で受話器をにぎった。そして上ずった声をはずませながら、ヒトラーに向かって叫んだ――

「総統《マイン・フユーラー》！　おめでとうございます。運命の力は、貴下《あなた》の最大の敵をやっつけてくれました。……これこそ、ブランデンブルク家の奇蹟でなくて何でしょうか――〝女帝〟は死にました。」

宣伝省からかかってきたその電話は、連合国の勝利を目前にしながら、一九四五年四月一二日に急逝したルーズベルト大統領の死を伝えたものであった。

しかしながら、そのときにはすでに国際政治の構造も外交の仕組みも、フリードリヒ大王の時代とは根本的に変化していた。ルーズベルト大統領の突然の死も、戦局全体、ことにアメリカの戦争政策遂行の上でなんらの決定的な影響をおよぼすこともなく、その政策はほとんどそのままトルーマン大統領にひきつがれた。そして、ドイツの決定的な敗北はいよいよ動かしがたいものとなった。ついに奇蹟にはならなかったこの〝女帝〟の唐突の死が、アメリカのルーズベルト大統領ではなくて、ヒトラーがよりいっそう憎悪の感情を燃えたぎらせていた宿敵チャーチル英首相であったとしても、結果はいささかも変わりなかったであろう。

ヒトラーの内面には、いくつもの、時にはたがいにはげしく反発しあう矛盾した性格が巣食っていたが、ふだんはそれが巧みにコントロールされて外面にはなかなか正体を現わさず、あくまでも冷徹無比の合理主義者、アドルフ・ヒトラーを演出していた。ところが半面ではこのヒトラーが、実は迷信家ともいえるような心情の持主で、〝奇蹟〟を信じて疑わぬ人間であったなどと聞けば、人びとはにわかには信じがたい気持になるかもしれない。もっとも、これはヒトラーだけに固有の性格ではなく、ゲーテが『ファウスト』の中で「ああ、俺の胸の中には二つの魂が巣食っている」と書いているように、むしろドイツ人全体に固有の国民性といえるかもしれない。

一九三九年一二月のクリスマス前夜、ナポリ、ローマ、インスブルック、ミュンヘンを経て、私がベルリンの駅に降り立って、ドイツの首都に初めて第一歩を印したとき、われとわが目を疑うほどの意外な光景にぶつかったのは、駅の売店（日本のキヨスクに似たもの）や同種のスタンドに星占い《アストロロギー》のパンフレット類が氾濫していたことであった。日本にいたとき私は、合理主義者のヒトラーを総統、つまり国民の指導者とあおぐナチス社会主義政権のもとでは、この種の迷信本のたぐいは一切ご法度だと思っていた。ところが、実際にそのナチ・ドイツに来てみると、現実はむしろその反対だったのである。

国民の精神的な支柱たるべきヒトラー総統自身が〝奇蹟〟を信じ、その到来を待望しているようでは、国民のあいだに迷信がはびこっても不思議ではない。日本でも〝大東亜戦争〟が事実上完敗し、度重なる米空軍機の爆撃によって本土は壊滅状態になっているのに「やがて神風が吹いて、日本はかならず戦争に勝つ」と、本気で信じていた人がたくさんいたそうだから、ドイツ人のことを笑ってばかりはいられない。

戦後の一九六三年、私がはじめて西ドイツに行ったら、ヒトラーとナチスのあの時代とおなじように、どこの駅の売店にも星占いの小冊子が氾濫していた。

二つの遺言書

さて、ヒトラーの願望どおり〝女帝〟(ルーズベルト大統領)は死んだものの、戦局はドイツにとって多少なりとも好転するどころか、反対に日一日と悪化の一途をたどるばかりであった。そして、それに歩調をあわせるかのように、総統官邸の、さほど広くもない地下壕内部の空気は日一日と重苦しさを増していった。

そのことが、ヒトラーをはじめ、あるいは地下壕に起居し、あるいは地下壕に出入して外部と連絡をとっている比較的数少ない側近の人びとを圧殺しかねないほど切迫したものとなってきたのはいうまでもない。しかも四月一七日を境にして、政局あるいは戦局の万が一の好転への希望も完全に失なわれてしまった。

この日ヒトラーは、まだベルリンにとどまって地下壕の中の総統大本営のヒトラーとたえず接触を保っていたナチ党の高級幹部で経済相兼ライヒスバンク（ドイツ国立銀行）総裁のワルター・フンクを呼んで、ただちにベルリンから脱出するように命じた。そして、その足でバート・ガスタイン（現在はオーストリア領。当時オーストリアは独墺合併の結果ドイツ領となり、オストマルク地方とよばれていた）に行き、そこに貯蔵してある金塊をチューリンゲンの岩塩坑の中に移すように指示した。そのときヒトラーはフンクに対して、「ボルマンが君に、ある大切な文書をあずけるから、それが、どこか遠く離れた安全な場所に保管されるように手配してもらいたい」と頼んだ。もっともフンク自身は、その文書が何であるか、すでに気づいていた。

フンクは、厳重に封印された一包の文書をボルマンからうけとると、ソ連軍による完全な包囲網が完成する直前に無事ベルリンを脱出して、バート・ガスタインへ向かった。そして、その文書こそ、いまここに訳出されたヒトラーの〝遺言〟の、ドイツ語の原本――ヒトラーの口述したものを、ボルマン自身が一字一句、原文に忠実にタイプしたもの――であった。

ここに出てくる、金塊にまつわる話は、ヒトラーの研究では世界的に知られたケンブリッジ大教授のトレーバー＝ローパーが述べているものだが、〝遺言〟の原本の所有者であるフランソワ・ジュヌー氏によると、この話には客観的な証拠がなく、おそらくトレーバー＝ローパー教授の思い違いではないかという。ワルター・フンクが減刑されてベルリン郊外のシュパンダウの監獄から釈放された後、ジュヌー氏が彼と会談した際にも、金塊の話はまったく聞かなかったそうである。ちなみにこのワルター・フンクは、ナチ党の要人としては、ソ連軍の包囲網完成の寸前にベルリンからの脱出に無事成功した最後の人であった。

それから二週間後の四月三〇日の午後三時三〇分、ヒトラーとその夫人のエバ（旧姓ブラウン）とは、ベルリンの総統官邸の地下壕で自決して、波瀾の多いその生涯を終わった。ヒトラーは七・六五ミリ口径のピストルを自分の頭に射ち込んで、エバは六・三五ミリ口径のピストルを持ってはいたが、それを使わずに服毒自殺によって。

自殺の前日、つまり四月二九日の早朝四時、ヒトラーとエバ・ブラウンとは、ボルマンおよびゲッベルス、ならびにニコラウス・フォン・ベロウ（空軍の大佐でヒトラーの補佐官）の三人を証人として立ち会わせた上で正式に結婚した。この瞬間からエバ・ブラウンはエバ・ヒトラーと改姓されて、天下晴れてヒトラー夫人となった。

この結婚と関連してヒトラーは、花環で囲んだハーケンクロイツを鷲が摑んでいるナチ・ドイツの国章の下に「アドルフ・ヒトラー」の名前が印刷された正式の用箋を使って、つぎのような遺言書を作っている——

余の私的な遺言書

闘争の歳月がつづいているあいだ、余は、結婚という責任をともなった行為はできないと信じていたが、いま余はこの地上での生涯を終わるにあたって、あの女性《メートヒエン》、すなわち長い年月にわたる余に対する忠実な友情をまもって、みずから選んで、この、すでに敵の包囲網がほとんど完了した街に潜入し、彼女の運命を余の運命と分かち合おうとしている女性を妻にしようと決意した。彼女は、彼女自身の希望によって、余の妻として余とともに死ぬ。死は余らに対して、国民への余の奉仕の仕事のために余ら二人から奪いとっていたものを、償ってくれるであろう。

余が所有するものは——およそ価値あるものであれば——党のものとなる。党がもはや存在しない場合には、国のものとなる。国も壊滅してしまうとすれば、余のそれ以上の決定はもはや必要ない。

長年にわたって余が買い集めた蒐集品の中にある絵画は、けっして私的な目的のためにではなくて、余の故郷の町であるドナウ河畔のリンツ市に完成される画廊のためにのみ集められたものである。

この遺産がそのように役立ってくれることを、余は衷心より望むものである。

この遺言書の執行人として、余は余の最も忠実な同志であるマルティン・ボルマンを任命する。彼は、すべての決定を最終的かつ法的に有効にとりおこなう権限を有する。彼は、個人的な思い出のために価値あるもの、あるいはささやかな市民的生活を維持する上で必要なものを、余の兄弟たちに分けあたえることが許される。同様に、特に余の妻の母親、およびボルマンもよく知っている秘書たち、女性秘書たち、すなわち何年にもわたって余のために奉仕してくれたウィンター夫人やそのほかの人たちに分けあたえることも。

余ならびに余の妻は、逃亡あるいは降服の屈辱から逃れるために、死を選ぶ。われわれ二人の決意は、余が国民に奉仕した一二年のあいだ、毎日の仕事の最も多くの部分を遂行してきたそのおなじ場所で遺体がただちに焼却されることである。

一九四五年四月二九日、〔午前〕四時

アドルフ・ヒトラー

証人として
マルティン・ボルマン
ドクター・ゲッベルス

証人として
ニコラウス・フォン・ベロウ

この「余の私的な遺言書」のほかに、ヒトラーはもう一通、第一部と第二部とから成る正式な「余の政治的遺言書」を残している。この二通が、ヒトラー自身が正式の手続きをふんで「遺言書」として作成した文書のすべてである。以下に後者、すなわち「余の政治的遺言書」の全文を紹介する。ちなみに、このとき使われた用箋は「余の私的な遺言書」のときに使用されたものと、まったくおなじである――

余の政治的遺言書〔第一部〕

一九一四年、ライヒ〔「ライヒ」は統一国家としてのドイツにのみ用いられる正式な呼称。したがって、現在の西ドイツも東ドイツも「シュタート」ではあるが「ライヒ」ではない〕に対して仕掛けられた第一次世界大戦において余は志願兵として微力をつくしたが、以来、早くも三〇年以上の歳月が過ぎ去った。

この三〇年間において、余の思考、行動ならびに生活のすべてにおいて余を動かしてきたものは、余の国民に対する愛と忠誠のみであった。この愛と忠誠こそが、いままでいかなる生きとし生けるものに対しても求められなかった重大な決定をくだす力を、余にあたえてくれた。余は、余の時間、余の心身の力ならびに余の健康をこの三〇年間に使い果たした。

余もしくは、他のドイツのだれかが一九三九年にあの戦争を欲していたというのは、正しくはない。あの戦争はひとえに、あの国際的政治家たち、すなわち自分自身がユダヤ系か、あるいはユダヤ人の利益のためにはたらいていた国際的政治家たちによって欲せられて惹き起こされたものである。

余は軍備の制限ならびに軍縮について多すぎるほどたくさんの提案をおこなってきているから、後世の人びとはその提案にいつまでも頬被りしたままでいて、この戦争の責任を余におしつけておくわけにはいかないであろう。さらに、余は不幸な第一次世界大戦の後に、イギリスに対して、いわんやアメリカに対して第二次世界大戦が起こることを欲したことは、けっしてない。

何世紀が過ぎ去ろうとも、われわれの都市や芸術的な記念の建造物の廃墟からは、われわれにとって忘れることのできない戦争のすべてについて究極の責任を負うべき民族に対する憎しみが、つねに新たに生まれてくるであろう。すなわち国際ユダヤ民族と、それに手を貸している国民に対する憎しみが！

余はドイツ・ポーランド戦争がはじまる三日も前に、ベルリン駐割《ちゅうさつ》イギリス大使に対してドイツ・ポーランド問題の一つの解決策を提案した――ザール地方を国際的な管理の下においた場合の解決策のような。こんどの提案も簡単に一蹴できるものではない。しかし、不適当であると言われただけでその提案は取り上げられなかったが、その理由は、イギリスの政治の主導権をにぎっているグループが戦争を望んだからであって、それは一つには戦争が儲けになると期待したためであり、一つには、国際的なユダヤ人の集団によっておこなわれたプロパガンダに煽り立てられたためであった。

しかし、もしもヨーロッパの諸国民が、ふたたびこの金《かね》と金融の陰謀家どもの株取引の手段としてしか見做されないときは、そのときこそ、この殺人的な抗争における本来の責任者たるあの民族も、ともに責任を問われるであろう、すなわちユダヤ民族も！

余は、この点については、いささかも疑いの余地を残してはいない。余はさらに、この戦争では何百万人の成人した男たちが戦場で死を体験させられているばかりでなく、都市では何十万という婦人や子どもたちが焼き殺されたり爆弾で殺されているにもかかわらず、本来その責めを負うべき者〔ユダヤ人〕が、たとえもっと人間的な手段をもちいるにしても、自己の責任の償いをすべきであるのに、それをしていないという点についても、なにびとにもはっきりわかるようにしてきた。

六年間つづいたこの戦争は、数多くの敗北にもかかわらず、いつの日か一個の民族の生命力の最も栄光にみちた、そして最も勇敢な証《あかし》として歴史にきざまれるであろうが、余は戦争が終わっても、このライヒの首都であるこの地から別れることはできない。しかし、あくまでもこの場所に踏みとどまって敵の猛攻に対して抗戦をつづけてゆくためには、わが方の勢力はあまりにも小さく、しかもわが方の抵抗は、敵の力に目がくらんだり、節操を失った分子によって徐々に骨抜きにされつつあるから、余はあくまでもこのベルリンの街にとどまって、余の運命を、数百万の他の人びとがみずから選んだ運命と分かちあいたいと思う。そのほかにも余は、煽動された群衆をよろこばせるために、ユダヤ人によって演出された新しい見せ物を必要としている敵の手中におちたくはない。

それゆえに余は、ベルリンにとどまっていて、総統ならびに宰相（首相）の座すらもはや維持できないと確信したとき、この場所で自発的に死を選ぶことを決意した。余は、戦線におけるわが軍の兵士たち、家に残された婦人たちの測り知れないほどの行動や功績、わが農民や労働者諸君や、歴史上他に例を見ない青少年たち、わが名を冠したヒトラー・ユーゲントの献身ぶり――これらの行動や功績は余にはよくわかっている――を目撃しつつ、よろこびにみちた心をいだいて死んでゆく。

余が諸君のすべてに対して、余の衷心からの深い感謝の意を表明するのは当然のことであるが、同時に余の願いは、それゆえにこそ諸君はいかなることがあろうと、この闘いを放棄しないでほしいということである。放棄しないで、いつ、いかなるところであろうと、祖国の敵に対するこの闘いを継続してほしい、偉大なるクラウゼヴィッツの信条を守って。われらの兵士たちの犠牲と、死にいたるまでも結ばれた余と彼ら兵士たちとの連帯の中から、いずれにせよドイツの歴史の中でその種が芽をふき、国家社会主義運動のかがやかしい再生がはじまり、したがって、真の民族協同体が実現されるであろう。

多くの最も勇敢な男性および女性たちは、最後まで余と生死をともにする覚悟をきめていた。余はかれらに対して、そんなことはせずに、国民のこれからの闘いに参加してくれるように頼んだが、ききいれてもらえないので、ついにそれを命令した。陸軍、海軍ならびに空軍の指揮官たちに対して余は、最後的な手段をもちいてわが軍の兵士たちの抗戦の精神を国家社会主義の精神にのっとって強化するとともに、その際とくに、余自身がこの運動の創設者として、卑怯な逃亡よりも、いわんや降服よりも、死を選んだこととの指摘をわすれないようお願いする。

いま述べたことは、わが海軍ではすでに実際に行なわれていることだが――一地方あるいは一都市でも敵に引き渡すことは不可能であること、そしてなかんずく指揮官たるものはこのような場合、すぐれた手本となって先頭に立ち、死にいたるまで忠実に義務を遂行すること――この考え方が、やがてドイツの将校の名誉というものについての見解になってほしいと思う。

＊　少し前のところでヒトラーは「いま述べたことは、わが海軍ではすでに実際に行なわれている云々」と書いているが、これはすでにドイツ海軍に実際に存在していた「名誉訓」(Ehrenkodex)と、この「名誉訓」を守って艦と運命をともにした戦艦〝ビスマルク〟のリュティエンス艦長のことを念頭においていたのであろう。ちなみに、当時ドイツ海軍の最新最大の戦艦〝ビスマルク〟(四一、七〇〇トン)は一九四一年五月二四日、重巡洋艦〝プリンツ・オイゲン〟を従えてグリーンランドとアイスランドのあいだの海域で世界最大の巡洋戦艦〝フッド〟(四二、一〇〇トン)を主力としたイギリス艦隊に遭遇、これと交戦して〝ビスマルク〟はただ一発の命中弾によって〝フッド〟を

撃沈した。しかし、〝ビスマルク〟自身も英艦隊の空母から発進した雷撃機が発射した数発の魚雷をうけて、戦闘も航行も不能となったため、〝ビスマルク〟の艦長で艦隊司令官のリュティエンス中将は、ヒトラーにあてて「艦は行動不能。われらは最後の砲弾までたたかわん。総統万歳。艦隊司令」の電報を送って自沈し、二、〇〇〇人の乗組員は全員、艦と運命をともにした。

政治的遺言書〔第二部〕

余は余の死の前に、元のライヒ元帥ヘルマン・ゲーリングを党から追放するとともに、一九四一年六月二九日の告示、ならびに一九三九年九月一日の国会における余の声明から生じうる一切の権限を彼から剝奪する。余はそれに代わってデーニッツ元帥を、ライヒ大統領ならびに国防軍最高司令官に任命する。

余は余の死の前に、親衛隊（SS）の元のライヒ指導者で内相のハインリヒ・ヒムラーを、党ならびに国の一切の役職から追放する。余は彼の代わりにガウ長官《ガウライター》カール・ハンケをSSのライヒ指導者およびドイツ警察長官に、そしてガウ長官パウル・ギースラーを内相に、それぞれ任命する。

ゲーリングとヒムラーは、余の知らないうちに、しかも余の意志にさからって敵と内密に交渉をおこなうとともに、違法にも国家における権力を私しようと試みることによって、国と全国民とに対して、はかり知れない損害をあたえた、——私という人間に対する忠誠心の欠如という点はまったく度外視するとしても。

この戦争をあらゆる手段をもちいてつづけようという義務に燃えた、名誉を重んじる人びとによって構成された政府をドイツ国民のためにつくる目的で、余は国民の総統として、つぎの人びとを新しい内閣の閣僚に任命する。ライヒ大統領＝デーニッツ、ライヒ宰相＝ゲッベルス、党担当相＝ボルマン、外相＝ザイス＝インクヴァルト、内相＝ガウ長官ギースラー、軍事相＝デーニッツ、陸軍最高司令官＝シェルナー、海軍最高司令官＝デーニッツ、空軍最高司令官＝グライム、SSライヒ指導者兼ドイツ警察長官＝ガウ長官ハンケ、経済相＝フンク、農業相＝バッケ、司法相＝ティーラック、文化相＝ドクター・シェール、宣伝相＝ドクター・ナウマン、財政相＝シュヴェリーン＝クロジック、労働相＝ドクター・フップアウアー、軍需相＝ザウル、ドイツ労働戦線長官兼ライヒ内閣閣僚ドクター・ライ。

これらのメンバーのうちで、マルティン・ボルマン、ドクター・ゲッベルスなど、いく人かの人びとは彼らの夫人ともども、余のもとに自発的にやってきて、いかなることがあろうとライヒの首都を離れる意志はないこと、それどころか余とともに死ぬ覚悟ができているとまで言ってくれたが、しかし余はかれらに対して、余の要望に耳をかたむけてほしい。そしていまの場合には、国民全体の利害をかれらの個人的感情に優先させてくれるようにお願いしなければならない。かれらは彼らの仕事および誠実さとによって、余の死後もよき伴侶として余のそばにいるであろう。ちょうど余の精神がかれらとともにあって、つねにかれらを導くことが余の願いであるように。かれらが妥協をゆるさぬ人間であってほしい。しかし、かりそめにも間違ったことのないように、特に行動に際して恐怖心に負けることなく、この地上のいかなるものよりも国民の名誉を優先させてくれるように。

最後にかれらに何としても意識してもらいたいこと、それは、国家社会主義によって立つ国の完成というわれわれの使命は、将来の何世紀にもわたる仕事を意味しているとともに、この仕事は一人ひとりの人間に対して、つねに全体の利益に奉仕すると同時に、この利益に対しては各人が自己の損得という考え方をすてることを義務づけている。すべてのドイツ人たち、すべての国家社会主義者たち、男子および婦人たち、ならびに国防軍のすべての兵士たちに対して、余は、かれらが新しい政府およびその大統領に対して、死にいたるまで忠実であって、その命令に従ってくれるよう、つよく要望する。

なかんずく、余は国民を指導する人びとならびにその指導のもとにある人びとに対して、人種法の厳密な遵守、ならびに世界のすべての国民に害毒をおよぼしているもの、すなわち国際的なユダヤ人集団に対する仮借ない抵抗をつづけることを義務づけるものである。

一九四五年四月二九日、〔午前〕四時、ベルリンにおいて作成

アドルフ・ヒトラー

証人として
ドクター・ヨゼフ・ゲッベルス
マルティン・ボルマン
ウィルヘルム・ブルクドルフ〔陸軍（歩兵）大将、ヒトラーの首席補佐官〕
ハンス・クレープス〔陸軍（歩兵）中将、ヒトラーの補佐官〕

ヒトラーとエバの死

さて、ここでもう一度、ヒトラーとその夫人エバ（旧姓ブラウン）の自殺の問題について考えてみたい。私は第三ライヒの崩壊後も一九四七年の一二月までドイツ国内にとどまっていた。正確には、第三ライヒが無条件降服によって崩壊するとともに、交戦国の国民として（ドイツの降服後も日本はまだ戦っていた）英米連合軍に捕えられて抑留生活を送っていたが、その間、私が直接間接に耳にしたことは、ヒトラーの服毒自殺説であった。しかし、これはすべて単なる噂の域を出ないものであったから、当時の私には真相はわからなかったし、それを確認する方法もなかった。

もっとも、服毒自殺説に対して、ごく少数ではあったが、ピストル自殺説をとなえる人たちもあった。しかし、服毒自殺説をとなえる人たちは、体力も精神力もほとんど消耗しきっていたヒトラーに、重いピストルを持ち上げて、狙った個所に正確に弾丸を射ち込めるだけの冷静さと肉体的な力とが残っていたかどうか、いささか疑わしいというのである。

ナチ党の大物たちは、ヒトラー自身の指示にしたがって、青酸カリの入ったカプセルをつねに隠し持っていて、万一の場合に備えていたというが、そういえば、ゲーリングにしても、ゲッベルスにしても、ヒムラーにしても、敵の手にかかる前にみずから命を絶った党の要人たちは、すべて服毒自殺の道を選んでいる。ロシアの女帝の突然の死という〝奇蹟〟のおかげで、あやうく命拾いをしたフリードリヒ大王がひそかに心にきめていたのも服毒自殺であった。

ちなみに、ヒトラーの死体を検視した西側連合軍の複数の将校——イギリス軍の将校だといわれている——の話として伝えられているところによると、毒のためにすでに完全に変色していたヒトラーの頭部に、あとからピストルの弾丸が射ち込まれた痕が見られたという。しかし、それがヒトラー自身によるものでないとすると、いったい誰が、何のために、こんな小細工をしたのであろうか。

ドイツ国内はもちろんのこと、国際的にも、ヒトラーとナチス研究の実証的な歴史家で著述家としてよく知られているマックス・ドマールスによると、ヒトラー本人はピストル自殺、エバ夫人は服毒自殺を遂げたと、氏の大著『ヒトラー』に記録されている。

前出した、ヒトラーの「余の私的な遺言書」の少し前のところで、私はヒトラーとエバ夫人の自殺の方法について書いたが、このくだりはドマールスの記録から借用したものである。両人の自殺について私自身にわかっているのはいくつかの状況証拠だけで、したがって私としては断定的な結論を下すことはできない。

ところで私は、ヒトラーの死の二日前の四月二八日、ソ連軍による包囲寸前のテンプリンを脱出した。そして、陸軍や空軍のトラックや装甲車に便乗させてもらって、途中で何回となく乗り継ぎをくりかえしながら、ハンブルクをめざして走りつづけていた。ハンブルクまでたどりついて、そこの日本総領事館に避難させてもらうつもりであった。テンプリンのギムナジウムの授業は、三月に入ってからはとぎれとぎれの状態ながら、とにかく何とかつづけられていたが、四月に入るとともに無期限休講、つまり事実上中止となってしまった。

さて、テンプリンを脱出したその日は、夜おそくなって三〇キロほど西へ行ったフュルステンベルクという小さな町にたどりついた。なにしろまだ寒い季節なので、一軒のかなり大きな農家の戸をたたいて一夜の宿を乞うたところ、私が日本人だと知ると、主人は気持よく招じ入れてくれた。そして、「母屋はもうほとんど暖房をしていないので、馬小屋にいって寝るといい。あそこならとても暖かいから」といって、馬が五、六頭もいる煉瓦造りのりっぱな馬小屋に案内してくれた。中はムッとするような暖かさであった。農民はとても家畜を大切にするので、母屋の方では暖房をうんと切りつめても、馬小屋の暖房だけは絶対に止めないそうである。

翌朝早く、私はこの親切な農家の主人にあつくお礼をいって、フュルステンベルクの町を後にした。別れぎわに私が「何とかして戦況が好転してくれるといいですね」というと、彼は悲しそうに首を振って、「もうその希望はないでしょう。総統（ヒトラー）は、ほんとうにわれわれ農民を大事にしてくれる人だから、もう彼の声がきかれないと思うと、とても淋しい。」

その日の夜は気温がさらに下がって、文字どおり凍てつくような寒さであった。私は弾薬を前線へ運ぶ空軍のトラックに便乗させてもらって、一路ハンブルクの方向へと走りつづけていた。トラックには、私のほかにも〝先客〟があった。それは〝便乗組〟らしい兵士が三人と、中年の男性の市民が一人と、ネッカチーフで顔をすっぽりと包んだ若い女が一人であった。

途中の街角でちょっとトラックが止まったら、草色の制服をきた陸軍の兵士が一人乗り込んできた。その兵士はだれにいうともなく「グーテン・アーベント（今晩は）」と低い声であいさつして、私の側のベンチの端に腰かけた。右腕に自動小銃を抱えるように持ち、左肩に弾帯を幾重にも巻きつけているのと、左腕に白い大きな包帯をしているのが、妙になまなましかった。どうやら負傷しているらしく、少し血がにじんでいるのが見えた。

われわれを乗せたトラックがふたたび走り出したとき、左腕に包帯をしたその兵が突然、

「総統が戦死した《デア・フューラー・イスト・ゲファアレン》！」

と、うめくような、つぶやくような声で言った。しかし、よくとおる声だったので、トラックの上にいた者はだれにも、その意味がはっきりわかった。だが、だれも一言も発しなかった。何か名状しがたいような息苦しさと緊張感とが、トラックのせまい荷台いっぱいにみなぎっているような感じがした。

「お前は一体、どこで、どうしてそのことを知ったのだ！」

沈黙と緊張感とがくずれた。私の向かい側に腰かけていた兵士の一人が、外套の襟に埋めていた顔を出して、半ばなじるような口調でこう言った。

「自分の中隊の軍用電話で、総統大本営の特別発表を聞いたのだ。総統は昔の一兵士にかえって、みずからパンツァーファウスト（バズーカ砲）を持ってベルリンの総統官邸の前に立ちはだかり、最後まで敵の戦車を防戦しながら壮烈な戦死をとげたそうだ」と、最初の兵士が答えた。

一瞬、息づまるような沈黙がトラックの上のせまい空間を支配した。私の左隣に腰かけていた若い女性の体が、かすかにふるえるように動いたと思ったら、うつむいたままの彼女がそっと十字をきるのが見えた。

「ああ、われらの総統はもう死んでしまったのか……」

私の右隣の兵士が、うめくようにつぶやいた。

ちなみに、一九四五年五月二日の国防軍総司令部が発表した〝ヒトラー総統戦死〟の公式声明の全文は、つぎのとおりである——


「ライヒの首都を防衛する英雄的な人びとの先頭に立って、総統は戦死した。自国の国民およびヨーロッパをボルシェビズムによる破滅から救おうとする意志に燃えて、彼は自己の生命を犠牲にした。死にいたるまで忠誠をつくすということの手本こそ、すべての兵士たちに対して義務を意識させるものである。」

ところで、これは後日談になるが、ヒトラーの死は実は「戦死」ではなくて、すでに前のところで述べておいたように、夫人のエバ（旧姓ブラウン）を道づれにベルリンの総統官邸の地下壕でみずから命を絶ったことは、今日ではすでに歴史的事実として一般にも知られている。しかし、私がテンプリンを脱出してハンブルクへ向かう途中、たまたま便乗させてもらった空軍のトラックの上で左腕に血のにじんだ包帯を巻いた兵士の口から聞いた「総統戦死」のニュースは、おそらく単なる〝誤報〟のたぐいではなく、まだ東と西の多くの戦線で圧倒的に優勢な敵軍を相手に最後の死闘をつづけていたドイツ軍部隊の士気にあたえる影響を考慮して、国防軍とナチ党の指導部が意識的に流したものであろう。

なお、ヒトラーとエバ夫人の自殺は四月三〇日の午後三時三〇分というから、私がトラックの上で彼の死を知ったのは、それから約六時間後のことであった。

目のあたりにしたヒトラー

私は、第三ライヒ時代のドイツにいたとき、正確にはベルリンにいたとき、と言うべきであるが——たった一度だが、目のあたりにヒトラーを見たことがある。もっとも、「目のあたり」とはいっても、私は総統官邸前の広場、ウィルヘルム・プラッツの一隅に立っていて、彼は総統官邸正面の開かれた大きな窓から少し身を乗り出すようにして、例のおなじみのポーズで、広場に集まっていた二〇〇〇人くらいのヒトラー・ユーゲントの少年たちの歓呼に答えていたから、私と彼のあいだには五〇メートルくらいの距離はあったと思う。

すでに日はほとんど落ちて、ウィルヘルム広場にもそろそろ夕闇がおとずれはじめていたが、総統官邸の開かれた大きな窓のそばに立って〝総統万歳〟のあいさつに応えるヒトラーの一挙一動は、手にとるようにうかがえた。そして、せまりくるその夕闇の中にくっきりと浮かんでいた彼の特長のある白皙の顔は、私にはいまでも忘れることができない。おそらく、死ぬまで忘れることはできないだろう。

窓から少し身を乗り出すようにしていたヒトラーは見るからに強靭で、たくましい印象をうけたが、彼と実際に会見して親しく握手まで交わしたことのある日本の外交官や新聞記者諸君の話では、彼の物腰全体はたいへんものやわらかで、握った手は若い女性の手のようにやわらかく、彼の鳶色の目の奥底からじっと見つめられると、吸い込まれるような気持がしたそうである。

ところで、私がウィルヘルム広場でヒトラーを見たのは一九四一年三月末のことで、あの運命の独ソ戦がはじまる約三カ月前であった。当時、連戦連勝のドイツ国防軍はほとんどヨーロッパ全土を席捲しており、ヒトラーにとっては軍事的にも、いわば「わが生涯の最良の年」ともいうべきときであった。しかもヒトラーは、さらにバルカン半島にまで兵を進めて、ギリシア、ユーゴスラビアへの進攻をはじめていたので、彼は前線の総統大本営をつぎつぎと移動しながら、みずから全軍の指揮をとっていた。したがって、彼がベルリンに帰ってくることはまずなかったのである。

その彼がたまたまベルリンに戻ってきていたのは、独・伊両同盟国を訪問するためにベルリンにやってきた日本の松岡洋右外相と会談するためであった。もっとも、松岡外相の独・伊訪問というのはいわばカムフラージュで、実は松岡外相のほんとうのねらいは、帰途モスクワに立ち寄って、スターリンと日ソ中立条約をむすぶことであった。（このことは、ドイツ側の最高指導部はすでに知っていたようである。）

一九三九年夏の、文字どおり青天の霹靂ともいうべき独ソ不可侵条約の締結によって、当時の平沼内閣が「ヨーロッパの情勢はまことに複雑怪奇である」との一言を残して退陣して以来、日独の関係は、しばらくはすっかり冷え切っていた。しかし、あとからあとからとつづくドイツの大戦果と、日本の陸軍部内に隠然たる勢力をもった親独派の巻き返しによって、その関係もしだいに回復し、松岡外相のベルリン訪問のころには、以前にもまして緊密な間柄にもどっていた。それからあらぬか、松岡外相を迎えるベルリンの歓迎ぶりは〝有史以来〟といわれたほど大がかりなもので、ブランデンブルク門はもちろんのこと、ウンター・デン・リンデンからはじまって、ベルリン市内の目抜きの通りという通りは、小は長さ五メートル、大はその二倍以上もある長方形の日の丸とハーケンクロイツの旗で埋めつくされた。

いずれにしても、ドイツにとっては大切な同盟国であるはずの日本に無断で独ソ不可侵条約をむすんだことは、ドイツ側もひどく気にしていたらしく、ずっと後になってからだが、日本側に対して「あのときは、たいへんすまないことをした」と正式に謝罪したそうである。たとえ自分の方に非があっても、「あやまる」ということをなかなかしないドイツ人が日本側に謝罪したということは、余程すまないことをしたと思っていたからであろう。

さて、わずか数日間のベルリンでの儀礼的訪問を果たすと、松岡外相はつぎの訪問地へ向かい、ヒトラーもつづいて前線の総統大本営に戻った。当時の事情に精通した友人の（西）ドイツ人にいわせると、あのころのヒトラーの分刻みのスケジュール、それを巧妙に使いわけた彼の、隠密的ともいえるような神出鬼没の行動からいって、たとえ偶然だったにしても、私がベルリンで実際に彼を見ることができたのは、たいへんな僥倖だったそうだ。

もともと松岡外相のベルリン訪問には、はじめからこれといった政治的目的はなく、本来の目的である〝本能寺〟（モスクワ訪問と日ソ中立条約の締結）から世間の目をそらせるための芝居であったことは、すでに書いた通りである。そしてこのことは、ナチ外交組織の情報機関によってヒトラー自身にも知らされていたと考えられる。

しかしヒトラー自身にとって、さまざまな政治的な思惑はさておき、ベルリンでの松岡外相との会見は、けっこう楽しいものだったようだ。ハインリッヒ・ハイムとともにヒトラーの数少ない側近の一人として、一九四一年から一九四四年にかけて総統大本営におけるヒトラーの談話を細大洩らさず克明に記録したヘンリー・ピッカーは、彼の著作『総統大本営におけるヒトラーのテーブル談話』の中で、つぎのようなエピソードを伝えている。

ベルリンの総統官邸を訪れた松岡外相は、政務次官オットー・マイスナーの案内で、全長二二〇メートルの大理石の通廊を通ってヒトラーの執務室へと進んだ。一直線に続いている通廊のちょうど正面が執務室になっている。廊下の大理石は文字どおり鏡のように磨き上げられていた。二人がその廊下を進んでいるとき、松岡はマイスナーに向かってこう言った。「うっかり滑って転んだりしないように、よく気をつけて下さいよ。たとえ滑って転んでも、僕が着ているような、どこにでもあるような背広の場合には大したことはないが、あなたが着けている、金モールと銀モールずくめの豪華な制服の場合には、万一、傷でもつけたら、それこそえらいことですからね。」ヒトラーは、この話を聞かされたとき、ひどく上機嫌であった。そして、金モール銀モール趣味を内心では軽蔑して、この種の趣味を珍重する人間たちを「金ピカの雉君《キジ》たち」と冷笑していたヒトラーは、ゲーリング、フォン・リッベントロップや、そのほかのナチ党最高幹部たちが集まっている席で、松岡外相のこの「日本的ユーモア」が話題に上るたびに、いつもたいそうご満悦だった。

さて、ヒトラーがエバ夫人とともに総統官邸の地下壕の中で――ピストルを使ったにしろ、あるいは毒をあおいだにしろ――みずから命を絶ったことは、まぎれもない歴史的事実としてすでに立証されている。が、私はふと、実はこれはあとから捏造された〝虚像〟で、本当はパンツァーファウストをしっかりと抱え持って、獲物をめがけて群がり集まってくるソ連軍の戦車の集団を向うに回して、阿修羅のように奮戦したヒトラーが〝実像〟ではないだろうか、と思うことがある。毒をあおいで醜く変色した骸を地下壕の床に横たえたり、あるいはピストルをこめかみに射ち込んで、頭からどす黒い血を流して地下壕のソーファの上にのけぞっているヒトラーの姿を想像することは、私にはどうしてもできない。

ヒトラー人気と「クライネ・ヒトラー」

ところで、「ヒトラーとナチス」といったやり方でこの二つの代名詞を無造作につなぎあわせて、これをもって世界中の悪玉全体を代表する基本的概念でもあるかのように考える傾向は現在でもなお、いたるところで見受けられる。なかでも、特にこの傾向が顕著なのはアメリカであろう。アメリカの映画やテレビ用作品を見ていると、国際的な謀略事件にはかならずといってもいいくらいナチスやその組織が登場してくる。なかには、ドイツ国民イコール・ナチスといったように、問題を最大限に単純化した作品もないではない。こうした一部のアメリカ人の無反省な傾向に対して、心あるドイツ人はけっして快く思ってはいない。

私が前後五年六カ月におよぶ第三ライヒでの生活の中で直接に接触した、さまざまの年齢層の男女のドイツ人市民たち——その大部分は当時のドイツの生活水準に照らして、中流程度の家庭の人びとが多かった——から得た感触では、ナチスぎらいのドイツ人はかなり多かったのに反して、ヒトラー個人に対して反感や憎しみをいだいていたドイツ人は意外に少なかった。そして、一般にいわゆる庶民とよばれていた人びとはもちろんだが、知識人といわれていた階層に属していたドイツ人たちが心の中で描いていたヒトラー像も、不平等で屈辱的なベルサイユ条約の桎梏から祖国ドイツを解放するとともに、頽廃のどん底にうめいていたワイマール体制の泥沼の中から国民を立ち直らせ、強大な軍備を再建してドイツをふたたび列強の地位に引き上げ、同時に数百万の失業者を一掃して、経済活動に大きなエネルギーをあたえてくれたドイツの救世主、といった単純な図式のものが圧倒的に多かった。

しかしこの図式は、たしかに単純化されたものではあったが、ワイマール共和国の実体を知るものにとってみれば、かならずしも誇張にみちたものではなかったのである。そして、このような単純な図式にしたがって組み立てられたヒトラー像を持った市民たちの中で、その日その日を送ってきた私は、「ヒトラー個人は善いのだが、〝クライネ・ヒトラーたち〟が悪いやつらなのだ」という批判の声を、何回となく耳にしたこともあった。

「クライネ・ヒトラー」とは、直訳すれば〝小ヒトラー〟、つまりヒトラー総統の権威を笠にきて、すなわち虎の威をかりて下に向かって威張りちらしたり、こそこそと悪いことを企らんだり、やったりしている党の連中、という意味である。ヒトラー自身は清潔だが、側近や取り巻きの連中の中にはそうでない連中がいるという噂を、私自身耳にしたこともたびたびある。

しかし、いずれにしてもヒトラー個人に対する国民のこの〝人気〟も、本質的には思ったほど安定したものではなかったようだ。この〝人気〟が少なくとも外見的には最も安定していて、しかも最も高かったのは、フランスが降服した一九四〇年の六月から運命の独ソ戦がはじまるまでの約一年間であった。

独ソ戦がはじまると、都市にも地方にも暗さが増してくるとともに、ドイツ人の言動も目に見えて悲観的になってきた。それでも、まだ東部戦線のドイツ軍が全体として優勢を保ち、戦闘行為ではソ連軍を圧倒していたあいだは、戦況に対する国民の不満や不信の声はそれほど大きくはならなかった。しかしドイツ軍の旗色がいたるところの戦線で悪くなってくるにつれて、ヒトラーの〝人気〟も急速に下降しはじめた。

ことに、西部戦線でも東部戦線でも、ヒトラー自身がみずから全軍の指揮をとっていたことは、国民にはよく知られていたので、国民の中には「所詮、ゲフライター・シュトラテギーさ」と陰口をたたく者も出てきた。「ゲフライター・シュトラテギー」とは、直訳すれば〝伍長の戦術〟ということだが、これはもちろん、第一次世界大戦に志願兵として出征して伍長まで昇進したヒトラーの戦争指導のやり方を嘲笑した言葉である。

ドイツ人のなかのナチズム

一九八九年はヒトラー生誕一〇〇年にあたったので、西ドイツの週刊誌『デア・シュピーゲル』は特集号を発行し、ヒトラーおよびナチスに関連して、同誌の読者を対象にしたさまざまのアンケート調査を行ない、その結果を同年の四月一〇日号に掲載した。その中の二、三の項目をつぎに紹介する。なお、アンケート調査そのものは『シュピーゲル』誌自身が行なったものではなく、西ドイツのいくつかの有力な民間の世論調査機関に依嘱してまとめたものである。

アンケート、その一

戦争とユダヤ人の殺戮がなかったら、ヒトラーをドイツ最大の政治家の一人と思うか？

そう思う——三八パーセント

そうは思わない——六〇パーセント

アンケート、その二

第三ライヒはどんな時代だったと思うか？

国家社会主義には悪い面しかなかった——一六パーセント

国家社会主義には悪い面の方が多かった——三八パーセント

国家社会主義には善い面も悪い面もあった——四三パーセント

国家社会主義には善い面の方が多かった——三パーセント

以上のアンケート調査は、いずれも二、二〇〇人を対象に行なわれたものである。

第三ライヒの時代を成人した社会人として生きたドイツ人——年齢からいうと現在すでに七〇歳を超えている人——は、西ドイツにも東ドイツにもまだたくさん残っているが、すでに定年（東西ドイツともに官界・民間を問わず六五歳）をすぎているので、特殊な場合を除いて社会の第一線からは退いている。しかし、第三ライヒにおける彼らの体験は、善きにつけ悪しきにつけ、きわめて鮮明だったはずなのに、彼らはことヒトラーやナチスに関しては、貝のように口を固くとざして、なかなか語ろうとはしない。東ドイツではもちろんだが、今日の西ドイツでも、だれであれ〝親ナチ分子〟という疑いをかけられたが最後、社会的に村八分にされるおそれがあるからである。したがって、彼らが何かの拍子にヒトラーやナチスのことを口にすることがあっても、その内容はおしなべて否定的なことばかりである。しかし、それがことごとく彼らの本心かというと、かならずしもそうではないようだ。

頭のてっぺんから足の爪先まで親ナチ的というドイツ人は、さすがに今日では少数派に転落してしまったが、しかし、これはあくまでも表面的な現象であり、かくれた親ナチ分子、いわば〝潜在的ナチス〟とでも呼べそうなドイツ人は意外にも多いようだ。一九八一年四月二一日ボン発ＵＰＩの報道によると、西ドイツのシュムーデ法相の発表では「……最近の調査では国民の一三％が極右の見解を持っている」という。

一九八八年現在のドイツの人口は、西ドイツが六一〇八万人、東ドイツが一六五〇万人、合計すると七七五八万人となり、シュムーデ法相の比率をかりに東西両ドイツの人口を合わせた数に適用してみると、一〇〇八万五四〇〇人となる。シュムーデ法相は「極右の見解」といっているが、これを「ナチ的見解」と表現しても不当ではあるまい。

ナチ党の最盛期（ヒトラーが政権を獲得した年の一九三三年から電撃作戦でフランスを降服させた一九四〇年ころまで）には、正式に登録したナチ党員の数は一五〇〇万人（一説には二〇〇〇万人）に上ったといわれるが、領土も国力も今日とくらべてはるかに大きかった当時の「大ドイツ・ライヒ」を考慮すると、今日の〝小国ドイツ〟に一〇〇八万五四〇〇人の「極右の見解」つまり「ナチ的見解」を持ったドイツ人が公的な調査であきらかになっているということは、まさに青天の霹靂ともいうべきニュースである。

ちなみに、一九三八年三月、オーストリアの併合によって「大ドイツ・ライヒ」が誕生した結果、国土の総面積は五八万三〇〇〇平方キロになった。そして、人口の総数は七八八〇万人。一九八八年現在の西ドイツの面積は二四万八七一四平方キロ、東ドイツのそれは一〇万八三三三平方キロ、両方合わせると三五万七〇四七平方キロ。また、人口は前のところで述べたように西ドイツが六一〇八万人、東ドイツが一六五〇万人、両方合わせると七千七五八万人である。

第三ライヒの時代に「ナチ党大会の町」として世界的にも知られていたニュルンベルク市には、かつて年に一回、一週間から二週間にわたって盛大な党大会の会場となった巨大な建造物が廃墟となって残っているが、その水成岩の壁や鉄の大扉には戦後書かれたさまざまな落書きが見られる。

「われらの総統よ、もう一度出てきてこの堕落しきった祖国ドイツを救ってほしい！」

「ヒトラー総統万歳！」

そして扉一面に鋭い釘のようなもので彫られたハーケンクロイツのマーク。これらの落書きは、消しても消しても、いつの間にか再生されているという。

トレーバー＝ローパーのヒトラー評

つぎに紹介する、ヒトラー研究の世界的権威の一人といわれるケンブリッジ大学のトレーバー＝ローパー教授のヒトラー評は、この世紀の独裁者の真実の姿をきわめて的確に描き出しているように思われる——

「彼は、何という精神力の持ち主だったのだろうか！　これを否定し去ることは、困難である。ただ、おそろしいと言って顔をそむけてしまうだけならば、いともた易いことである。たしかに、彼の本性は俗物的で、しかも破壊的であり、残虐で嫌悪の念をかきたてずにはおかないものであった。彼は、彼自身の苦汁にみちてひねくれた過去の、腐敗した塵芥《ごみ》と襤褸《ぼろ》とを引きずっていた。しかしながら、この不快きわまる書き割りの背後をのぞいて見ることができれば、われわれは彼の非凡な才能のかずかずを発見するであろう。

彼は何事であろうと、明確に分析するか、あるいはあっさりと単純化してしまうか、それともただひたすら直観にうったえるか、あるいは巧妙に歪曲する能力を持っていた。彼は、未来をバラ色にして見せるとともに、過去をねじ曲げて再現する才能をそなえていた。ヒトラーに固有のこの精神力を否定して——多くの人びとがやっているように——彼はつまるところ、社会におけるはげしい変革の、ぶつぶつと泡立つ波の表面に押し上げられた一現象にすぎないのさと説くだけならば、その人びとは所詮、私にとっては縁なき衆生であって、私としてはただ肩をすくめるだけである。

たとえわれわれが、ヒトラー自身の思い上がった自画自讃――すなわち、自分こそは他に類例をみない歴史的現象、いうならば人類の歴史に現われたフェニックスであって、ただ一度かぎりの命のもとで世界に新たな変革をもたらすために生まれてきたものであるという自画自讃――には同意できないとしても、われわれは、彼以前のなんぴともよく為し得なかった何事かを彼がやってのけたことだけは、認めなければならない。

彼は巨大な革命を考え出すとともに、その革命を最初から最後まで実行した。彼はゼロから始めて、世界王国を建設した。他の大きな革命は、例外なくその子どもたちを食ってしまった。しかしながらヒトラーは、けっして食われてしまうことはなかった。かえって、彼の方が革命を食ってしまったのである。彼は、彼の革命におけるルソーであり、ミラボーであり、ロベスピエールであり、ナポレオンであった。すなわち、彼は彼の革命のマルクスであり、トロツキーであり、そしてスターリンであった。

ところで、ヒトラー自身の性格と心性とについていえば、彼はこれらの人びとの大部分と、とうてい大刀打ちできる人物ではなかったが、しかしただ一点だけ、彼はこれらすべての革命家たちにまさっていた。すなわち彼は、すべての局面において、敗北という局面においてさえ、彼の革命をコントロールすることができたのであった。このことだけを見ても、それは、彼が結託してきたもろもろの勢力についての彼の理解がいかに深いものであったかを、立証しているであろう。たしかに彼は、おそるべき歴史的現象であったかもしれない。しかし同時に彼は、重要な歴史的現象であった。したがって、われわれとしては、彼の存在を無視してしまうわけにはいかないのである。」

遺言の行方

さて、ここで話はふたたびベルリンの総統官邸の地下壕にもどる。地下壕で、ある任務を指示されるとともに重要な書類の入った包みを託されたワルター・フンクは、その包みを肌身離さず身につけたまま無事ベルリンから脱出した。それは、ヒトラー夫妻が地下壕で自殺する数日前のことであった。そして、ベルリンからの脱出に成功したフンクは、その足でバート・ガスタインにいる親しい公証人のところにたどりつき、ベルリン脱出以来、片時も離さず身につけていた例の文書の入った包みを、その公証人のもとに安全に保管してもらうよう依頼した。これで、フンクがヒトラーとボルマンから託された任務は一応終わったわけである。

しかし、フンク自身はその後まもなく西側連合軍の手で逮捕され、戦争犯罪に加担した罪で収監されることになった。だが、監獄に入れられているあいだも彼は、例の文書の包みのことが気になって仕方がなかった。万一、あの文書の包みが戦勝国の手に入って開封され、その内容の一部分でも自分にとって不利なものであった場合、戦犯としての罪はさらに重くなるかもしれない。こう考えると、フンクは居ても立ってもいられないほど不安な、落ち着かない気持におそわれてきた。最善の方法は、あの文書の包みを公証人のもとから請け出してきて、一日も早く焼却処分にしてしまうことであると、フンクは思った。

まもなく彼は、監獄の中から外部と連絡をとることに成功した。そして、かねてから親しい友人の間柄であったハンス・レッヒェンベルクを呼んで、監獄の面会室で会った。レッヒェンベルクはナチ政府で相当の高官をつとめ、はじめはヘルマン・ゲーリングのもとで、その後はワルター・フンクのもとで仕事をしていた。

フンクはレッヒェンベルクに対して、自分の代わりにバート・ガスタインへ行ってもらいたい、そして、例の公証人のもとにあずけたままになっている文書の包みを請け出してきて、その中の二、三の、まったくの私的な書類だけを除いて、そのほかの文書はことごとく焼き捨ててほしいと頼んだ。この「そのほかの文書」の中にはヒトラーの〝遺言〟が入っていたが、前にもふれておいたように、フンク自身はすでにそのことは知っていた。もっとも、ボルマン自身は、文書の包みの中味については何も言わなかった。

フンクの委任状を持ったレッヒェンベルクがバート・ガスタインに行って、公証人のところから文書の包みを請け出し、フンクの指示どおり焼却しようとして、何気なくその内容に目を通したとき、レッヒェンベルクはびっくり仰天して思わず息が止まりそうになった。彼は、その文書がヒトラーの政治的遺言であることはすでに知っていたが、どうせ焼き捨ててしまうものなら、せめてその前にゆっくり読ませてもらおうと思い、ページをめくっていくうちに、その遺言の内容全体が容易ならぬものであることに気づいたからである。

それは、いわば死を目前にひかえたヒトラー総統の最後の政治的モノローグであり、もしもこのままの形で後世に伝えることができれば、その歴史的価値ははかり知れないほど大きなものであることが、レッヒェンベルクにははっきりわかったのである。フンクの指示どおりにこのまま焼き捨ててしまうのがよいか、それとも何らかの方策を工夫して原文そのままの形で後世に伝えるべきか、レッヒェンベルクはさんざんに迷ったあげく、ついに一つの妥協策を考え出した。

それは、まずボルマンの手でタイプされたヒトラーの〝遺言〟の正確かつ完全なフォトコピーを作っておいてから、このフォトコピーだけを残しておき、〝遺言〟の原本の方は焼却してしまう方法であった。この方法は苦しまぎれの打開策であったかもしれないが、本当の意味での妥協案といえるかどうかは疑問である。しかしながら、どう頭をひねってみても、レッヒェンベルクにはこれに代わる名案は思いうかばなかったのである。

レッヒェンベルクがいわば苦しまぎれに考え出したこの妥協策が、いつまでもフンクに知られずにいるわけはなかった。数年の後、フンクがベルリン郊外のシュパンダウの監獄から出所して——彼はニュルンベルク軍事裁判の結果、終身刑の判決をうけてシュパンダウの監獄に入れられていたが、病気が悪化したために早期に釈放された——初めて〝遺言〟にまつわる真相を知ったとき、レッヒェンベルクに対してあからさまに不快の念を示した。あきらかにそれは、上司の厳重な指示に対する明白な違反であった。すでに述べたように、第三ライヒの時代にはフンクはレッヒェンベルクの上司であった。しかし結局フンク自身も、〃遺言〃が持つかけがえのない歴史的価値をみとめ、レッヒェンベルクが後世のためにはからった既成事実を追認するよりほかはなかった。

フンクは、この〃遺言〃の問題で自分（フンク）が果した役割をけっして表面に出さないことという条件つきで、レッヒェンベルクがとった処置を了承した。したがって、一九五九年に初めて刊行された〃遺言〃の英訳本では、トレーバー＝ローパーが書いた「解説」の中で、ワルター・フンクの実名も彼の本当の肩書き（役職）も伏せられていて、「ナチ党のある高級幹部」となっているだけである。そしてハンス・レッヒェンベルクについても、フンクと同様の措置がとられている。この二人のもとナチ党の高級幹部の本名と当時の役職とが公表されたのは、一九八一年に本国のドイツ（西ドイツ）で初めて出版されたドイツ語版、すなわち〃遺言〃の原本においてである。

一九五九年といえば、ヒトラーの死後すでに一四年が経過しているとはいえ、当時はまだ第二次世界大戦の後遺症がいろいろな形で残っていて、ことに党の高級幹部だった人間の場合には、本名やかつての役職が公表されると、本人にとって何かと不都合が生じたのであろう。

さて、レッヒェンベルクは軍籍を持っていた当時は、アフリカ戦線でラムケ少将麾下の落下傘部隊に属していたが、戦争が終わって復員してからは、ニュルンベルクのナチ戦犯裁判で、弁護人側の補佐役としてはたらいていた。その間、レッヒェンベルクはニュルンベルクの監獄にたびたびフンクを訪ねて、彼のために役に立つことがあれば、できるかぎりの努力をしたいと申し出た。

やがてフンクは戦犯裁判で刑が確定して、ニュルンベルクの監獄からベルリン郊外シュパンダウの監獄へ移された。それから数年後に、フンクは病気のために早期に釈放されたことはすでに述べたとおりだが、フンクのこの早期釈放には、レッヒェンベルクのなみなみならぬ尽力が少なからず貢献している。

さらにレッヒェンベルクは、アフリカで彼が従軍中に所属していた部隊の最高指揮官であったラムケ少将の身の上にも何かと心をくだき、陰に陽に少将のために奔走した。このときレッヒェンベルクは、銀行家で出版業者のフランス系スイス人のフランソワ・ジュヌー氏と知り合った。ジュヌー氏は、やはりスイス人で、医師としても高名なニーハンス教授とともに、フランス軍の捕虜となっていたドイツ人将校や兵士たちの面倒をよく見ていた人である。ちなみにニーハンス教授の母は、ドイツ帝国最後の皇帝となったウィルヘルム二世の妹である。

さて、こうした友情にもとづいた関係がもとで、レッヒェンベルクとジュヌー氏とのあいだの交際はしだいに親密の度を加えてゆき、やがてレッヒェンベルクは、かねてフォトコピーにして大切に保存しておいたヒトラーの例の〝遺言〟をジュヌー氏にあずけることを決心した。

思うに、かつてナチ党の高級幹部（フンク）と多少でも親しい間柄にあった、やはりナチ党関係者のドイツ人（レッヒェンベルク）が、かりにもヒトラーの〝遺言〟を大切に保管していることが公けになれば、レッヒェンベルクに対してあらぬ疑いをかけられないともかぎらない。それよりも、中立国の国民で、戦勝国側にも顔がきき、しかもドイツ人をよく理解していて信頼のおけるこのスイス人にあずけておいた方がはるかに安全であるという配慮が、レッヒェンベルクにはたらいたのであろう。

この問題についてのくわしい事情は私（篠原）にはわからないが、現在では〝遺言〟の事実上の版権も、そのほかの、公表などに関する一切の権利も、すべてジュヌー氏が独占的に持っているようである。

なお、今日ヒトラーの「正式の遺言書」とよばれているものに、彼がエバ夫人とともに総統官邸の地下壕で自殺する前日、すなわち一九四五年二月二九日にマルティン・ボルマン、ドクター・ゲッベルスおよびニコラウス・フォン・ベロウの三人を証人として、ヒトラー自身が署名して作成した「余の私的な遺言書」と、ドクター・ヨゼフ・ゲッベルス、マルティン・ボルマン、ウィルヘルム・ブルクドルフおよびハンス・クレープスの四人を証人として、おなじくヒトラー自身が署名して作成した、第一部および第二部から成る「余の政治的遺言書」の二通があることはすでに前のところで述べておいた。

本書の根幹をなしているところの、全十八章から成っている〝遺言〟と、前者、すなわち二通の「正式の遺言書」とを対比してみると、たがいに性格も内容もまったく異なっていることがわかる。もともと前者、すなわち二通の「正式の遺言書」は、はじめからヒトラーが正規の書式にしたがって「遺言書」として作成したものであり、したがって法的な拘束力をもっている。これに反して後者の方は、もともといわゆる狭義の「遺言書」を念頭において書かれたものではないし、もちろん法的な拘束力も持ってはいない。もっとも、自由な立場から最大限に広義の解釈を下すとすれば、前二者とは異なった意味で「遺言書」としての性格は持ってくるであろう。

いずれにしても、この十八章につけられた〝ヒトラーの政治的遺言〟という標題は、ヒトラーおよびボルマン自身の意向とは関係なく、ジュヌー氏あるいは西ドイツの出版社が選んだものであろう。私に言わせるならば、この全十八章から成る〝遺言〟は、むしろ『わが闘争』の続篇、もしくは完結篇とでも呼ぶのがふさわしいのではないかと思う。

公表された遺言

ところで、ジュヌー氏がレッヒェンベルクから受けついだ十八章の〝遺言〟が戦後はじめて公表されたのは、いまから三〇年も前の一九五九年のことだが、このときはなぜかフランス語訳と英訳とが出版されただけで、肝心のドイツ語版は刊行されなかった。そして、世界中のヒトラー研究家や歴史家たちが待望していたドイツ文の原本がやっと出版されたのは、それからさらに二二年経った一九八一年のことであった。

一九六〇年代の初めころから西ドイツでは、ふたたびナチズムの足音がかすかに聞こえてくるようになった。そして、この潮流に呼応するかのように、いくつかのネオ・ナチ政党も台頭してきた。もっとも、その勢力たるやまだ微々たるものではあったが、ヒトラーと彼のナチスにさんざん苦しめられたヨーロッパの各国は過剰なまでにも敏感に反応し、西ドイツの政治と社会的風土に対する不信感はにわかに大きくなった。そして、「西ドイツに台頭してきたネオ・ナチズム」に対する警戒の声は、ついに国際世論をゆさぶるようになった。

「ネオ・ナチ党」の代名詞で呼ばれていた極右政党の中でも、最大の党組織を持ち、地方選挙のたびに着実に党勢を伸ばしていたのは、一九六四年に誕生し、フォン・タッデンを党首とあおぐ「国家民主党」(Nationaldemokratische Partei Deutschlands＝略称NPD)で、その地方議会での目をみはるような進出ぶりから、一時は連邦議会での議席獲得も間近いと噂されたほどであった。しかし、このNPDも一九六〇年代の後半に入ると、内外の批判的な世論の高まりがブレーキとなって勢力が伸びなやみ、〝待望の〟連邦議会への進出はついに成らなかった。

ちなみに、このNPDは現在でもまだ健在で、各地方選挙をはじめ、連邦議会選挙のたびに比較的地味な活動をくりひろげてはいるが、あまり大きな影響力はなく、ことに連邦議会での議席獲得は例の五パーセント条項がなくならないかぎり、まず見込みはなさそうである。

このように、一九六〇年代のはじめに起こった西ドイツにおけるネオ・ナチズムの台頭に対するヨーロッパ諸国の警戒があまりにも大きかったことが、〝遺言〟のドイツ語原本の刊行を大幅におくらせる原因となったのではなかろうか。西ドイツにおけるネオ・ナチズムの台頭に対するヨーロッパ諸国の囂囂《ごうごう》たる批判と非難の最中に、選りにも選ってヒトラーの〝遺言〟の原本を刊行するなどということは、それこそ火に油をそそぐようなものであったにちがいない。

他国語からの重訳としてではなく、ヒトラーの母国語による全十八章の〝遺言〟は、一九八一年に初版五、〇〇〇部が出ると間もなく絶版となり、事実上の発禁とおなじ扱いをうけることになった。その最大の根拠は、この原本が西ドイツではじめて刊行された年の一九八一年四月二一日にUPIがボンから伝えてきた、つぎのような政治的事情が原因となっていたのであろう——

「ネオ・ナチの台頭を恐れる西ドイツで間もなくヒトラー著『わが闘争』の出版、発売の禁止措置がとられることになった。

シュムーデ法相が二一日明らかにしたところによると、現在のナチ活動禁止法には抜け穴があるため、ドイツ民族優越論を説くこの本の発売は違法ではない。しかし間もなく議会に提出される新反ネオ・ナチ活動法では、ネオ・ナチ宣伝だけでなく、歴史書を装った古いナチの宣伝文書の出版も禁止される。」(傍点は篠原)

いずれにしても、名実ともに原本とよぶに価する〝遺言〟の全文を、ドイツ語から直接日本語に完訳したものが世に出るのは、これが初めてである。(英語版からの重訳は紹介されていた。)そして、訳者がこつこつと手がけてきた〝遺言〟の訳文を完了した年、一九八九年は、奇しくもヒトラー生誕一〇〇年にあたっている。

なお、一九八一年に西ドイツで出版された〝遺言〟のドイツ語版には、トレーバー＝ローパーが一九五九年版の英訳本のために書いた「エッセー」(解説)が独訳でついているが、ジュヌー氏の強い要望があったので、この「エッセー」をはずして、代わりに私が新たに「解説」を書いて載せることになった。これは、もちろんジュヌー氏自身の希望でもあった。しかし、ジュヌー氏がなぜトレーバー＝ローパーの「エッセー」を〝敬遠〟したのか、その理由は私にはわからない。

この〝遺言〟の内容について言えば、いちいちくわしい注釈を必要とするような性質のものではないので、いわゆる「脚注」の形をとったコンメンタールの類は、いっさい省略させていただいた。その代わりに、簡単な説明をつけた方が読者にとって親切であると思われた個所には、本文の中に〔　〕で囲んで短い説明を入れておいた。もっとも、そのような個所はごくわずかである。

ヒトラーの日本観――『わが闘争』は書き変えられたのか?

ところで、読者自身はすでに気づいておられることと思うが、ヒトラーはこの比較的短い〝遺言〟の中で、何回も「同盟国、日本」について言及している――その個所は、全体で五ヵ所に上っている――が、これには何か特別な、注目すべき意味があるのだろうか。

もともと、いまここに文書の形で公表されたヒトラーの口述が〝遺言〟である以上、すなわち死を数週間後にひかえた彼の最後の告白の言葉である以上、かりに「盟邦日本」についてどんなに否定的な見解が述べられているにしても、別に意外なことではなく、読者にとっては特におどろくほどのことではないであろう。が、大方の予想に反して、日本に関するヒトラーの言葉(特に第二章)

はすべて讃辞、しかも最大級ともいえそうな讃辞ばかりである。

しかしながら、その言葉がすべてヒトラー自身の本心からでてきた正真正銘の告白か、それとも間近にせまった死を前にしても、最後の最後まで効果的な演出とプロパガンダということを忘れなかったこの「革命的な大政治家」（トレーバー＝ローパー）の単なる芝居にすぎなかったかは、読者各自の判断にまかせることにして、いまここで私の頭にうかんでくるのは、曾子のつぎの言葉である――

鳥の将《まさ》に死なんとするとき、その鳴くや哀《かな》し。
人の将に死なんとするとき、その言や善し。

ヒトラーとナチスが政権を獲得してワイマール共和国が倒れ、ドイツに国家社会主義政府が生まれたのが一九三三年の一月、私が大学に入ったのが、その翌年の一九三四年の四月であった。当時すでに日本では、国民のあいだに親独的な気分がかなり高まっていたが、ヒトラー政権の誕生とともに、国民の親独的な気分はにわかにふくれ上がってきた。

私は哲学科の学生だったので、おなじ科の、血の気の多い、議論好きの学生たちが集まると、ヒトラーやナチスやその政策の評価をめぐって、寄ると触ると侃侃諤諤《かんかんがくがく》の議論が毎日のようにたたかわされた。その中には、ヒトラーやナチスになみなみならぬ親近感をいだく学生、反ヒトラーと反ナチス的思想をもった学生、中立的な立場に立つ学生など、さまざまの思想傾向の学生たちが混在していたことはもちろんである。しかし、私がいた大学そのものがカトリック系のミッションスクールだったせいか、親ヒトラー的・親ナチ的学生の数はあまり多くなく、その勢力も思ったほど強くはなかった。そのうちに、反ヒトラー的・反ナチ的学生のなかから、こんな意見が出はじめた――

「ヒトラーもナチスも、もともと日本人がきらいで、心の中では日本人を軽蔑していて、反日的なのだ。それが昨今、日本に対して親近感を持っているかのようなポーズをさかんにとっているのは、彼らがその政策の遂行上、いま日本に接近する必要があるからだ。その証拠には、ヒトラーは彼の『わが闘争』の中で以前はさかんに日本のことを悪く書いていたのに、日本への接近がはじまるとともに、日本の悪口を書き立てていた個所を全部改めて、新しい親日的な文章に書きなおしている。だから、『わが闘争』の古い版と新しい版とでは、日本に関する記述が全然書き変えられている。」

当時は、この意見がいわば通説のように考えられ、多くの人びとはそのように信じていたようである。思うに、当時は『わが闘争』の古い版と新しい版を幾通りもそろえて持っている人はほとんどなく、また、文章自体かなり難解な『わが闘争』を原文で読みくらべて実際に検証してみようという人もいなかったようだ。その証拠には、「書き変えられた『わが闘争』」という例の「通説」に対する反論を、あの当時、一度でも耳にした記憶はない。

私がこの問題について本格的な検証をしてみようという気になったのは、戦後ドイツから帰って二〇年以上もたってからである。苦心して集めた『わが闘争』も一ダースを超えた。もっとも、重複している版もあるから、全部が全部、版が異なっているわけではない。

こうして私自身が自分の手でおこなった検証と、他のドイツ人のヒトラー研究家による検証とをつき合わせて得た結論は、『わが闘争』の初版（第一巻は一九二五年、第二巻は一九二七年）が発行されてから最終版（一九四三年）までに合計約一〇〇〇万部が売られたが、その間、内容の変更を意味するような手直しは、日本に関する個所もふくめてただの一ヵ所も行なわれていない。

私自身が持っている『わが闘争』の最も古いものは一九三〇年版、最も新しいのは一九四二年版だが、両方の版ならびにその間に刊行された他の版を相互にくらべてみると、少なくとも日本と日本人とについて論じたくだりでは、後から手直しした個所は一ヵ所もない。どの版を見ても、一言一句にいたるまでまったくおなじ文章である。

ちなみに、『わが闘争』の中で日本および日本人について述べた個所は三ヵ所あるが、この中で読者にとって特に興味あると思われる、つぎの二ヵ所について全文を紹介しておく――

「ヨーロッパ化」

人類を三つの種類、すなわち文化の基礎をきずくもの、文化を担ってゆくもの、ならびに文化を破壊するものの三つの種類に分けるとすれば、第一の種類を代表するものとして問題になるのは、おそらくアーリア人種だけであろう。このアーリア人種から生まれてくるのは、人類が創造した一切のものの礎石および外壁であり、したがって外形および色彩のみが個々の民族の、そのときどきの特性によって左右される。アーリア民族は、人類のあらゆる進歩に必要な巨大な建材と設計図とを提供し、したがってその実施のあり方のみがそれぞれの人種の本質に適応したものになる。

　わずか数十年のうちに、たとえばアジアの東部全域は、われわれ〔ドイツ人〕の場合とまったくおなじようにギリシアの精神とゲルマン民族の技術を基幹とした文化を、自分たちの文化と名づけるようになるであろう。ただ外的な形態だけが——少なくとも部分的には、アジア的本質をものがたる特徴を示すであろう。

　それは、多くの人びとが考えているように、日本が自己の文化のためにヨーロッパの技術を摂取するのではなくて、ヨーロッパの科学と技術とが日本的な特質で飾りたてられることである。事実上の生活の基礎は、もはや特別な日本文化ではなくて、ヨーロッパおよびアメリカの、すなわちアーリア民族のたくましい科学的・技術的業績である。もっとも、この日本文化は——内面的な相違のゆえに、外面的にはヨーロッパ人にとっては、いっそう目を惹くものがあり——生活の色彩を決定するものではあるが。

この業績の上にのみ、東の世界も一般的な人類の進歩につづいてゆくことができる。これが、日々の糧《かて》のためのたたかいの基礎をもたらし、そのために必要な武器と道具とをつくり出すとともに、外面的な形態だけが徐々に日本人の本質に適合させられてゆく。

今日以後、日本に対する将来のアーリア文化の影響が、たとえばヨーロッパとアメリカが滅亡する結果として中断してしまうとすれば、短期間ならば科学と技術とにおける日本の今日の興隆はつづくかもしれない。しかしながら、わずか数年のうちに泉は涸渇してしまい、日本固有のものは息をふきかえすであろうが、今日の文化は硬直してしまい、六〇年前にアーリア文化によって突然目醒めさせられた冬眠の状態へ、ふたたび逆戻りしてしまうであろう。

したがって、ちょうど今日の日本の発展が、その生気をアーリア文化による覚醒に負っているように、かつてはるかなる過去においても外国の影響と外国の精神とは、当時の日本の文化の覚醒者であった。その最もよい証明は、後になって日本の文化がやせ細って完全に硬直してしまったという事実である。この現象は、ある国民のもとで最初に存在していた創造的な人種的核心が失なわれてしまうか、この国民に対して文化の領域における最初の発展のための推進力と材料とをあたえてくれた外からの影響が止まってしまうかによって、現われる。

ある国民が、その文化の最も重要な基礎的要素を異人種からもらい受け、摂取し、そして加工している場合、やがて外からの影響が止まるたびに硬直をくりかえすようになれば、このような人種を〝文化を担うもの〟と名づけることはできるかもしれないが、〝文化を創造するもの〟

と呼ぶことは決してできない。

「日本とユダヤ人の世界政策」

〔第一次世界大戦による〕ドイツの壊滅は、イギリスではなくて、まず第一にユダヤ人の利益に沿うものであった。ちょうど今日においても日本の殲滅ということが、イギリスの国家的利益のためというよりも、ユダヤ人の世界国家を願望している指導者たちの、はるか遠くまで触手を延ばした欲望にかなっているように。イギリスがこの世界におけるその地位を維持するために骨身をけずっているときに、ユダヤ人は世界征服のための攻撃の態勢をととのえている。

ユダヤ人は、今日のヨーロッパ諸国をすでに彼の手中ににぎられた、意志をもたない道具として見ている。それが、いわゆる西欧型民主主義という迂回路を通るにせよ、あるいはロシア型ボルシェビズムによる直接支配の形をとるにせよ。しかしながら、単に旧世界だけがユダヤ人の手の中に巧みに丸めこまれているだけでなく、新世界にもおなじ運命がせまりつつある。ユダヤ人は、アメリカ連邦の株式勢力を支配している。毎年、アメリカは一億二〇〇〇万国民の労働力を監督するための人員をふやしつづけている。ごくわずかな人間だけが、今日もなお、ユダヤ人たちの怒りを買いながらも、完全に不屈不撓の立場をつらぬいている。

狡猾な手練手管をもちいて細工して、その細工した世論からユダヤ人たちは、自分たちの将来のためのたたかいに必要な手段をつくりだしている。すでにユダヤ人世界の最大の大物たちは、彼らの経典にある諸民族大相剋のスローガンが実現するときが近づいていることを信じている。

国としての主体性を失なった植民地地域に住む諸民族のこの家畜的集団の内部では、ただ一個の独立国家の力によって最後の瞬間にすべての事業が瓦解する結果になるかもしれない。なぜならば、ボルシェビキ化した世界は、すべてのものを包括した場合にのみ、存立することが可能だからである。

したがって、たとえただ一国でも、その国家としての力と偉大さを失うことがなければ、ユダヤ人執政官によって支配された世界は、この世界におけるすべての暴虐な支配者とおなじように、必然的に国家主義思想の前に屈伏せざるをえないであろう。

ユダヤ人は一〇〇〇年間にわたるその同化の努力の中で、ヨーロッパの諸民族を骨抜きにし、性別も不明な混血児に教育することには成功するかもしれない。しかしながら、日本のようなアジアの民族国家に対して、このおなじ運命をおしつけることは、まず不可能であろう。このことを、ユダヤ人はよく知りつくしている。今日ユダヤ人は、ドイツ人やイギリス人、アメリカ人やフランス人らしく振舞うことはできるであろう。しかし、この黄色いアジア人〔日本人〕に関しては、ユダヤ人を結びつける架け橋はどこにもない。そこでユダヤ人は、民族国家日本を、今日存在している似たような国の力を使って殲滅してしまおうとしている。すなわち、ユダヤ人の手の中でこの最後の国家〔日本〕が無抵抗の国々に対する暴力的支配者に変貌する前に、この危険な敵を片づけてしまうために。

ユダヤ人は、一〇〇〇年の歴史を持つユダヤ人国家において、日本のような民族国家をおそれている。したがってユダヤ人による世界支配体制が完成する前に日本を滅亡させたいと願っている。

そこで、今日ユダヤ人は、かつてドイツに対してやったように、諸国民を日本に対して扇動している。したがって、イギリスの国策がまだ日本との同盟関係を頼りにしようとしているときに、早くもイギリスのユダヤ系新聞は同盟国日本に対する宣戦を要求し、民主主義の宣言のもとに、そして「日本の軍国主義と天皇主義を打倒せよ」という雄叫びのもとに、日本を殲滅するための戦争を準備していることは、別に不思議ではない。

ところで、話はかれこれ一〇年近くも前のことになるが、私は偶然の機会に本郷の古書店で「石川準十郎著『ヒトラー「マイン・カンプ」（わが闘争）」研究』という本を手に入れた。四六判で七八〇ページもある、かなりの大作である。一九四三年（昭和一八年）六月、国際日本協会というところから発行された地道な研究書である。私は大学を卒業するとすぐドイツに留学してしまったから、そのころはもう日本にはいなかったし、また当時、石川準十郎という名前を耳にした記憶もない。しかし同氏の著書『ヒトラー「マイン・カンプ」研究』を読んでみると、氏もまた私とおなじような疑問に直面して、その疑問を解明しようと努力していたことを知った。そして氏はこの問題について、つぎのように述べている――

もし〔アーリア民族と日本人の〕文化の問題に関して我々〔日本人〕について言っている個所にて何らかの「訂正」ないし「削除」が行なわれたとすれば、種々の事情より推して、少なくとも一九三〇年から一九三九年にいたる一〇年の間に――おそらく日独防共協定の成立せる一九三六年の前後のころにおいて――行なわれていなければならない。しかるにこの一〇年間に、そこには何らの変改もないのである。……

しかるに、これに対して最近ではさらに、問題の〔日本に対する〕批難攻撃は少なくとも『マイン・カンプ』の初版には出ており、その後、いつかは知らぬが「訂正」ないし「削除」されたものであって、そのためにドイツにおいてはその第一版ないし初期の版の国外、特に日本に搬出されることは禁止されているという説が、いかにももっともらしく伝えられているかの如くである。現に我国の外遊帰朝者の中にも、スカンジナビアのどこかにおいて端なくもその第一版を入手し、ドイツを経て帰国するに当たり、同国においてこれを没収されたと称する者があるという。

……私は、本個所をいよいよ綴るにあたって、出来るならなんとかして、念のためにその問題の初版を眼にしたく考えた。……然るにたまたま、わが国ドイツ大使館のシュルツェなる人……が、子供時代からナチス運動に参加していた関係よりして、同初版を大事に所蔵しているを聞き、同氏およびおなじく同大使館のシェーファー氏なる人の好意により、私はこれを親しく見せてもらった。しかるに……そこにはやはり、その後の一九三〇年—一九三九年版に比して、なんらの変化もなかった。ただ、その間には、不適字ないし誤字の訂正および無くても済む文字（たとえば aber の類）の削除は若干見られた。しかしその文章の構成および意味には何らの変化もなかった。……これによって得体不明の「デマ」が終局に終止されれば幸いである。……

（カナづかいを現代の方式に改めるとともに、漢字を一部カナに書き直したほかは、すべて石川準十郎氏の原文のまま――篠原）

ドイツ語の原文にしろ日本語の訳文にしろ、『わが闘争』に書かれたヒトラーの「アーリア人種と日本民族の文化的能力の比較」論を読んだ日本人の多くは、一種の不快な感情をいだいたのではなかろうか。当時の日本人には、ある種の、いわゆる白人に対する人種的コンプレックスがあって、このコンプレックスが反面「夜郎自大」の思想となって日本人の意識と行動とを支配していた。（この人種的コンプレックスと「夜郎自大」の思想とは、今日の日本人の心の中にまだ根強く残っている。）したがって当時の日本人は、外国人から批判的なことを言われると、それが正鵠を得たものであっても、まずその批判を冷静に味わってみるよりも、すぐ感情的になり、理論的に反論を述べるよりも、感情的に反発して食ってかかるというのが一般的な風潮であった。

しかしながら、心を落ちつけてよく含味してみると、ヒトラーの「日本民族の文化的能力」批判はまことに正鵠を得たものであり、理性的な、公正な論理の上に立っていると思う。当時、少数ではあったが、そのことをはっきりと指摘した日本の知識人もいた。私は戦時中と戦後とを通じてドイツで一〇年あまりを過したが、ヒトラーのその言葉はいまでも私の頭にこびりついて離れない。

ところで『わが闘争』の中の「アーリア人種と日本民族の文化的能力の比較」論が日本人の理性によびかけたヒトラーのモノローグとすれば、『政治的遺言』の中に残したヒトラーの日本人論は、日本人の〝たましい〟によびかけた彼の最後のモノローグであるともいえるであろう。たとえば、彼は『遺言』の第五章（一九四五年二月一三日）のところで、つぎのようなことを言っている――

……だれもが自己の人種に誇りをもっているということは、私から見ればノーマルである以外のなにものでもないが、しかしそれは、だからその人間はほかの人種を軽蔑しているという意味ではけっしてない。私は、中国人あるいは日本人が人種的に劣等だなどと思ったことはけっしてない。両方とも古い文化をもった国民であり、そして私としては、彼らの伝統の方がわれわれのそれよりも優っていることを認めるのにやぶさかではない。彼らには、それを誇りに思うべき、りっぱな根拠がある。ちょうどわれわれが、われわれの属している文化圏に誇りを持っているように。それどころか私は、中国人や日本人が自分たちの人種的な誇りを堅持していてくれればくれるほど、彼らと理解しあうことが私にとってますます容易になるとさえ信じている。……

「ヒトラーもナチスも、もともと日本人がきらいで、心の中では日本人を軽蔑していて、反日的なのだ。それが昨今、日本に対して親近感を持っているかのようなポーズをさかんにとっているのは、彼らがその政策の遂行上、いま日本に接近する必要があるからだ。その証拠には、ヒトラーは彼の『わが闘争』の中で以前はさかんに日本のことを悪く書いていたのに、日本への接近がはじまるとともに、日本の悪口を書きたてていた個所を全部改めて、新しい親日的な文章に書きなおしている。だから、『わが闘争』の古い版と新しい版とでは、日本に関する記述が全然書き変えられている。」

ここにあらためて紹介した文章は、私が学生時代たびたび耳にしたヒトラーと彼の著作『わが闘争』についてかなり広く流布されていた、まことしやかな噂である。しかしこの噂が、実は根も葉もない単なる作り話にすぎなかったことは、前述の石川準十郎氏の研究や、同氏のあとをうけて、私自身が一九四二年版まで降って（最終版は一九四三年）調べてみた結果、あきらかである。ヒトラー自身、『わが闘争』の中で、つぎのように言っている——

「かつて私がこうして〔努力に努力をかさねて〕創りあげたもの〔世界像と世界観〕について、つけ加えなければならなかった点は、きわめてわずかであった。いわんや、変更を必要としたことは全然なかった。」

日本語版でカットされた部分は？

ところで私は最近、思いがけなく奇妙な噂を耳にした。それは、さきのところで私が全文を引用した『わが闘争』の中で、ヒトラーが「日本民族の文化的能力」を批判したくだりは、日本人を不当に誹謗したものという理由で当時の邦訳書では削除されていて、訳文には載っていない、というのである。

すでに述べたように、当時私はドイツにいたので、『わが闘争』の日本語訳が何種類出版されたのかは知らない。聞くところによると、当時何人かの訳者によって幾種類かの日本語訳が出たそうである。もちろん当時の邦訳本はとっくの昔に絶版になっていて、いまでは入手不可能だが、私は偶然の機会に古書店で『わが闘争』の当時の邦訳本を二種類見つけたので、両方とも買い求めた。（戦後は文庫版で完訳本が何種類か出ているが、こちらの方は注文すれば自由に手に入る。）

私が入手した戦前（戦時中）版の『わが闘争』の二種類について調べてみたところ、「……日本人を不当に誹謗したものという理由で当時の邦訳書では削除され云々」は、まったく根拠のない噂にすぎないことがわかった。もっとも、当時ほかにも別な邦訳本があったそうだから、中には〝愛国心〟にもえた訳者の一存で、ヒトラーの「日本民族の文化的能力」批判のくだりを〝自主的に〟削除した訳本があったかもしれない。この点については私は、いずれ時間をかけてゆっくり検証してみたいと思っている。

では、当時出版された邦訳本の『わが闘争』は、なんら当局の忌諱にふれる個所はなく、原則的には完訳本だったのかというと、実はそうではなかったのである。

ヒトラーがかかげた政治的理念（Nationalsozialismus＝国家社会主義）と大衆運動の組織（Deutsche Arbeiter-Partei＝ドイツ労働党）の名称が明白にものがたっているように、ヒトラーは社会主義を信奉し、自分こそは労働者と農民の真の味方であると確信していた。したがって、このヒトラーが君主とか王室に反対であったことは当然であろう。『わが闘争』の中でヒトラーは、君主制とその機構が生みだしたおそるべき弊害について徹底的に批判し、時にはヒトラー一流のやり方で口汚なく罵っている。このくだりが、当時の天皇制日本を支えていた陸・海軍はじめ内務、外務そのほかの当局の忌諱にふれたのである。

もちろん、ヒトラーの君主制批判の中には、直接日本の天皇制や皇室にふれた個所は一つもないが、元来君主制と天皇制とは異質なものではないから、だれでもこのくだりを読めば、ヒトラーの君主制批判の多くの部分が直接・間接に日本の天皇制にもあてはまると感ずるであろう。当局の命令によって強制的に邦訳本から削除されたのは、このくだりである。

なお、このくだりの日本語訳の入った本当の意味での完訳本が番号入りで少部数刊行されて、その筋のえらい人たちの手に渡ったようだが、戦後、この番号入りの『わが闘争』の邦訳本は稀に古書店などに出ると、かなり法外な高値で取引きされているようだ。

日本の当局としては内心、『わが闘争』の原書そのものを輸入禁止もしくは販売禁止にしたかったのであろうが、当時の日本にとっては最大の盟邦であったドイツの元首として、総統《フューラー》とライヒ宰相《ライヒスカンツラー》を兼ねていたアドルフ・ヒトラーの世界的に有名な著書に対しては、さすがにそのような強硬な措置はとれなかったのであろう。それに、文章自体がかなり難解な――というよりも、むしろかなり読みづらいといった方が正確だが――『わが闘争』を原語で読みこなせる日本人の数は多くはなかった。したがってヒトラーの「君主制」批判が一般国民に伝播するおそれはほとんどなかったことも、当局が強硬な措置をとらなかった理由の一つかもしれない。

かりに日本がこの強硬措置をとっていたとしたら、そしてこれに対してドイツ側が得意の理論的な反論をもってこたえ、日本側に逆捩じをくわせていたら、どんな結果になっていたであろうか。おそらく、日本側には全然、分《ぶ》がなかったのではあるまいか。

ヒトラーとユダヤ人問題

ヒトラーと彼の生きざまを語る上でどうしても避けて通ることのできない関門は、ユダヤ人問題であろう。しかし、この問題はあまりにも大きく、そして深く、しかもヒトラーが死んで半世紀近くもすぎた今日になってもなお、まだ解くことのできない謎の部分が多く残っているため、いまこでそのすべてを語りつくすことは不可能である。

いまから五〇年以上も前のことだが、第三ライヒの時代に私がベルリンに住んでいたとき、ベルリンの電話帳の「H」の項を調べてみたことがある。ドイツには「ヒトラー」という姓が非常に少ないと聞いたので、まず手近かなベルリンの電話帳でさがしてみることにした。当時、ベルリンの人口は約四二〇万だったが、電話の普及率はきわめて高く、私はベルリンに住んでいるあいだに七回か八回、下宿を変えたが、電話のない家はたった一軒だけだった。そして、電話も簡単にひくことができて、電話局に申し込めば、その日のうちに数人の局員が自動車でやってきて、即座に電話器をとりつけてくれた。電灯線も電話線も、ベルリン全市が地下ケーブルになっていて、電話線の引込口は各戸毎にあらかじめつけてあったから、取付工事は実に簡単で、一時間とはかからなかった。したがって、当時のベルリンの電話帳はずいぶん厚く、一九六〇年代の後期のころの東京の電話帳——まだ一冊本だった時代の最後のころ——に匹敵するほどの嵩があった。

さて、私はベルリンの電話帳の「H」の項を開いてはみたが、内心ではあまり期待はしていなかった。いくら四二〇万人の人口をかかえた大ベルリン市といっても、ドイツ全国でわずかしかないといわれた「ヒトラー」姓が電話帳にでているという確率は小さかったからである。しかし、私の〝予想〟に反して電話帳の「H」の項に「ヒトラー」の姓は——たった一つだけではあったが——載っていたのである。その「ヒトラー」の名が何であったかは、いまでは憶えていないが、職業の欄に「コンディトライ経営」とあったことはまだ憶えている。「コンディトライ」というのは日本の「喫茶店」のことだが、正確にいえば喫茶店と洋菓子店をいっしょにした店で、洋菓子はその店で作ったものを売っている。

私は下宿に帰ってから「ヴィルティン」（下宿の主婦）にきいてみると、電話帳に出ていたコンディトライ経営のヒトラー氏はヒトラー総統の遠縁の親戚（叔父？）らしいということであった。

私は好奇心にかられて、それから数日後そのコンディトライを訪ねてみた。店はベルリンの西部地区にあって、ヴィッテンベルクプラッツという地下鉄の駅の近くにあった。割合に大きな店で、ちょうど気候のよい時期だったので、ヨーロッパではよくあるように店の外までテーブルや椅子をならべて、客は往来の人通りを眺めながらコーヒーを飲んだり、ケーキを食べたりして、さかんに談笑していた。

私は空いている椅子のひとつに腰を下して、コーヒーとケーキを注文した。やがて五〇がらみの男の給仕が注文の品を持って私のテーブルにやってきたので、私はさりげなくこの店の経営者とヒトラー総統との関係をたずねてみた。すると彼は何も答えず、ただ肩をすくめて店の奥へ行ってしまった。私はもう一度、若い女の子の給仕をつかまえておなじ質問をくりかえした。しかし、彼女は私の質問に対して知らぬ存ぜぬの一点張りで、結局なにも答えてはくれなかった。

当時、ドイツではヒトラー総統の生い立ちのことが話題になっても、すべてヒトラー自身が『わが闘争』の中でみずから語っている事柄の範囲を出なかった。ただ一度か二度、私は何かの機会にドイツ人の知人や友人と歓談しているとき、いわばひそひそ話として語られた噂の中で「ヒトラー総統の曽祖父はユダヤ人だったらしい」ということを耳にしたおぼえがある。

それかあらぬか、ヒトラーは自分の家系のことを聞かれたり、家系のことが話題になると、ひどく不機嫌になったという。ヒトラー自身は、自分の曽祖父がユダヤ人だったという噂は耳にしていたらしく、ひそかに腹心の二人のゲシュタポに命じて調査させていたらしい。しかしながら、少なくとも彼らがヒトラーに報告した調査結果は「シロ」であったという。

だがこれとは別に、親衛隊（ＳＳ）長官のハインリヒ・ヒムラーはヒトラー総統の家系に疑問をいだき、早くから内密に調査をすすめていたという。ヒムラーはこの調査結果を土産にイギリス軍と単独で取引きをおこない、ヒトラー総統の暗殺と西側連合軍との単独講和をもちかけたが、イギリス側にはあっさり拒絶された。そして、ヒムラーのこの計画はヒトラー総統に知られるところとなり、激怒したヒトラーは、ヒムラーを親衛隊長官から罷免、同時にライヒおよび党のいっさいの役職を剝奪のうえ追放したことは、さきに紹介した「余の政治的遺書」に書いてあるとおりである。

ヒムラーは、第三ライヒの崩壊とともに連合軍に追われる身となり、転々と各地を逃走した末、ついにリューネブルクの警察の地下取調室で服毒自殺をとげた。

ヒムラーが内密に調べたヒトラー総統の家系調査の結果は知られていないが、もしもヒムラーが捕えられ、彼らの調査の結果が公表されて、かりにヒトラーの曽祖父がユダヤ人であったことが確認されていたら、ヒトラーの体の中には四分の一だけユダヤ人の血が流れていたことになる。もっとも、ナチ党の人種法では、家系の中でのユダヤ人の介在が問われるのは祖父または祖母までで、それ以前の介在は不問とされていたから、ヒトラーの場合も人種法の上では問題にはならなかったであろう。

しかし、かりそめにもユダヤ人を人類の敵としてその完全な抹殺を宣言してはばからなかったヒトラー総統自身に、たとえ四分の一にもせよユダヤ人の血が混っていたことが立証されていたとしたら、そしてそのことが何らかの方法で公表されていたら、一〇〇〇万を超えるナチ党員や、ヒトラーの世界観に共鳴していた何百万のヒトラー支持者たちの動揺と混乱は、想像もつかないほど深刻なものであったにちがいない。

ちなみに、ヒトラーの曽祖父にあたる人がユダヤ人であったか否かという問題のほかにも、ヒトラーの家系そのものがきわめて複雑な事情によって構成されていて、曽祖父の代までさかのぼるとたくさんの近親結婚が行なわれていたことや、ヒトラーの父にあたるアロイス・シックルグルーバーが正式の妻以外の女性と関係をもっていたことや、シックルグルーバー自身が私生児であったことが立証されている。なお、このシックルグルーバーは一八七六年に改姓してヒトラー姓を名乗り、アロイス・ヒトラーとなった。このアロイス・ヒトラーと彼の三番目の妻クラーラ・ヒトラー（旧姓ペルツル）とのあいだに一八八九年四月二〇日に生まれたのがアドルフ・ヒトラーである。

すでに述べたように、ヒトラーの三代前の先祖がユダヤ人であったかどうか、したがってヒトラー自身はこのユダヤ人の血をうけているかどうかという問題は、決定的な決め手となる証拠を欠いているため、今日でもなお未解決のまま残されている。しかし、この仮説をすでに立証されたものとして信じている人たち（世界中でその数は少なくない）の中には、第二次大戦中にヒトラーの命令によって行なわれたユダヤ人の大量虐殺――その数は四〇〇万人とも、六〇〇〇万人ともいわれている――は、いまわしいユダヤ人の血を体内にもっているヒトラーのユダヤ人コンプレックスのなせる業だと主張する者も多い。

『わが闘争』を読んでみると、ヒトラーは昔から狂信的な反ユダヤ人思想を持っていたのではないことがわかる。父と一緒にリンツに住んで、そこの中学校《レアール・シューレ》で勉強していたころ、同級生に無口なユダヤ人の少年が一人いたが、ヒトラーは彼に対して反感とか何らかの特別な感情は全然いだかず、ほかの同級生に接するときとおなじ態度でつきあっていたという。

　ユダヤ人の実像についてヒトラーが〝開眼〟したのは、将来の画家を夢見ていた彼が一七歳になって、正規の学校に入って絵の勉強をはじめるためにウィーンに移り住んでからである。当時のウィーンは人口が約二〇〇万で、その一〇・八パーセントにあたる二〇万二〇〇〇人はユダヤ人であった。そのころのベルリンの人口は四二〇万人あまりで、住んでいたユダヤ人の数はその三・八パーセントにあたる一六万六〇〇〇人であったから、人口がベルリンの半分以下のウィーンに二〇万人以上のユダヤ人が住んでいたということは、オーストリアの首都に住みついていたユダヤ人の数がいかに多かったかがうなずける。（ここにあげたユダヤ人の数は、一九三七年版の『新ブロックハウス百科事典』によった。）

　ヒトラーがウィーンに移り住む前に住んでいたリンツには、ユダヤ人の数はきわめてわずかで、しかも服装もドイツ人とまったく変わらず、少なくとも外見的には完全にリンツの市民の中にとけこんでいた。ヒトラーが往来で彼らを見かけても、「ユダヤ人」という意識すら持たなかったのも当然であった。

　ところが、ウィーンに移り住んで、街頭のいたるところで見かけたユダヤ人たちは、まったく別人種と思われたほど、外見も服装もちがっていた。しかし、ちがっていたのは単に外見や服装だけではなかった。ヨーロッパの中心といわれた人口二〇〇万の大都会に、その一割のユダヤ人が住んでいるとなると、そこには、リンツ時代のヒトラーが想像もできなかったような出来事が毎日のように起こっていた。

ヒトラーはウィーンで美術学校の入試に失敗して画家になることはあきらめ、もっぱら政治的な問題につよい関心をいだくようになった。もっとも、ヒトラーは以前から政治には関心をもっていたが、いままでは抽象的な関心だったのが、ウィーンに住むようになってからは、きわめて具体的な関心に変わったのである。

みずから愛国者であると確信していたヒトラーは、オーストリア最大の野党であった社会民主党の動向を注視して、その集会には積極的に参加し、労働組合に対するその指導ぶりを注意ぶかく見守っていた。ヒトラーがマルクス主義の理論と世界観についてくわしい知識を得られるようになったのは、オーストリア社会民主党との接触を機としてであった。

しかし、特にヒトラーをおどろかしたのは、社会党の幹部や組合の指導者の地位が、多くのユダヤ人によって占められていたことであった。そして、これらの党の幹部や組合の指導者たちは、マルクス主義を礼讃し、世界の平和をうったえ、万国の労働者の団結と連帯をよびかけるとともに、祖国オーストリアの反動的な政治を口をきわめて罵った。ヒトラーに言わせれば、いまやオーストリア社会民主党と組合の指導部は、これらの破廉恥なユダヤ人どもに翻弄され、売国奴的な存在になりさがっていたのであった。

マルクス主義とオーストリア社民党の反祖国的、売国的言動は、愛国者をもって任ずるヒトラーをますます国家主義的組織に近づける結果となった。そして、この種の組織の集会や演説会に出席して熱心に耳をかたむけているうちに、ヒトラーは、オーストリアをふくめていっさいのドイツ的な文化を破壊する元凶はユダヤ人であり、ユダヤ人こそドイツ文化を毒している諸悪の根源であると確信するようになった。ヒトラーにいわせれば、第一次世界大戦でドイツの敗北を招いた究極の原因も、得体の知れないワイマール共和国とその頽廃した文化を生んだ原因も、天文学的数字のインフレによってドイツ経済を瀕死の状態に追いこんだ原因も、すべてユダヤ人にあった——

「すべての汚ならしい文学作品、インチキ芸術作品、そして頭がおかしいような劇作品の一〇分の一は、ある民族——この民族の数は国全体の住民の一〇〇分の一にも満たない——の責任にされるべきだという事実は、簡単に否定できるものではなかった——実際にその通りだったのだから。」(『わが闘争』)

ヒトラーの政権獲得によって第三ライヒが出現するまでは、ドイツの金融市場、経済界、大商店、新聞やラジオなどの報道機関がほとんどすべてユダヤ人の手に握られていたことは、まぎれもない事実である。

四〇〇万人ないし六〇〇〇万人といわれる第二次大戦における ユダヤ人の虐殺の最大の原因は、人類をユダヤ人の害毒から永久に守ろうとして、自分こそ世界における最初にして最後の救世主であると確信していたヒトラーの狂信的信念がなせる業であると考えるのが、もっとも信憑性が大きいとはいえないだろうか。

東西ドイツの統一とヨーロッパ

さて、一九八九年一一月九日に突如として起こった「ベルリンの壁」の崩壊と、それにつづいてはじまったドイツ再統一への事態の急激な進展は、私にとっても文字どおり青天の霹靂であった。

戦後になって私がふたたびドイツを訪れたのは、最初が一九六三年から六四年にかけてで、このときは東西の両ドイツにあわせて一年半ほど滞在した。二回目は一九八三年、そして三回目は一九八五年で、いずれも西ドイツに短期間（一ヵ月ないし三ヵ月）滞在しただけであった。しかし、私はいずれの場合にも、つとめて機会をつくってドイツ人の友人や知人と会い、ドイツの再統一の可能性について話しあってみた。

だが、私の三回におよぶ戦後のドイツ訪問で「近い将来にドイツが再統一される可能性はあると思うか」という私の問いに対して「あると思う」と答えたドイツ人は、東ドイツにも西ドイツにも、ただの一人もいなかった。私のこの問いの相手の正確な数は、いまではおぼえていないが、少なくとも二〇人は下らなかったと思う。しかも、相手はすべて政治の問題につよい関心をいだいている人たちばかりであった。そして、「少なくとも君（篠原）が生きているうちにドイツが再統一されることはないだろう」と答えた人のほかに、「ドイツは永久に再統一されないだろう」と答えた人がかなり多かった。

いま、このときのことを思い出すと、私には、一昨年のベルリンの壁の崩壊以後、今日までに急激なテンポで進行した東西ドイツ統一への動きが、にわかには信じられないような気がする。

一九三九年、私がはじめてドイツの土を踏んでから数年間は、まだ第三ライヒは強大で、どこの戦線でもドイツ軍は向うところ敵なしというありさまであった。そのころの私には、ドイツの敗戦と無条件降服と第三ライヒの崩壊などという惨憺たる終末は想像もつかなかった。

ヒトラーの「政治的遺言」を読むと、彼は一九四五年の二月になってもまだ心のどこかで〝奇蹟〟とドイツの勝利とを信じていたように思われる。しかし二月も半ばをすぎるころになると、「遺言」には弱音が目立つようになった。そして、遺言の一五章あたりから、ドイツの敗北をはっきりと意識したヒトラーの言葉がきかれるようになった——

「ドイツ国民のために陽のあたる場所を征服しようとして私が着手したこの仕事は、ただ一人の人間にとってはあまりにも多すぎるし、一つの世代にとってはあまりにも厖大で包括的である！　しかしながら、私はドイツ国民に対して、彼らの使命についての知識を伝えたし、また、大ドイツ・ライヒの中ですべてのドイツ人が統一されるための、途方もなく大きな可能性についての認識を、骨の髄までふきこんでおいた。このようにして私は、最上の種を蒔いておいた。私はドイツ国民の頭の中に、国民自身の存亡をかけたこの戦争の意味をたたきこんでおいた。いつの日か――そして、その日は近いであろう――種が熟して、収穫がもたらされるであろうが、なにものも、これを妨げることはできないであろう。

ドイツ国民は、若く、そして強い。それは、前途にまだ未来のある国民である。」（第一五章＝一九四五年二月二五日）

第三ライヒの崩壊後、ドイツの国土が戦勝国によってどのように分断されるのか、その具体的な姿をヒトラーはすでに予測していたかどうかはわからないが、彼が最もおそれていたのは、国土そのものの分断よりも、ドイツ国民の精神がばらばらになってしまうことであった――

「……基本的な掟は、すべてのドイツ人の不可分の統一を維持することでなければならない。すべてのドイツ人の統一の中に、はじめて、われわれの国民としてのもろもろの価値が発展する。すなわち、われわれがプロイセン人、バイエルン人、オーストリア人であることをやめて、ドイツ人以外のなにものでもなくなったときに、である。プロイセンの人びとが、すべてのドイツ人をビスマルクのライヒに統合しはじめたとき、彼らはその行動によってドイツ国民に対して、何十年ものあいだ、ヨーロッパ大陸の、名実ともに最初の国民としての座を占めるチャンスをひらいてくれた。

私がこれらすべてのドイツ人を国家社会主義の第三ライヒに統一したとき、私は彼らをヨーロッパ建設の指導者につくりあげた。

たとえどんなことが起ころうとも、ドイツ人にはけっして忘れてはならないことがある。すなわち、彼らにとってつねに大切なのは、不和の原因となるような分子を排除するとともに、倦むことなくライヒの統一のために努力することである。」（第一八章＝一九四五年四月二日）

そしてヒトラーは、ヨーロッパとドイツの将来についていかなる構想をえがいていたのであろうか――


「ライヒが敗北した後、アジアと、アフリカと、そしておそらく南アメリカにおいて国家主義の運動が台頭するまでは、たがいに対等の立場で対決することのできる力をもった二つの大国だけが世界に存在することになろう。すなわち合衆国とソビエト・ロシアとが。歴史および地理的な位置からでてきた法則によって、この両大国は力を競いあうべく定められている。それが軍事的な領域であれ、あるいは単に経済的およびイデオロギーの領域であれ。

おなじ法則性からいって、この両大国はかならず独立ヨーロッパの敵となるであろう。しかしアメリカにしてもソビエト・ロシアにしても、必然的な成り行きからいって晩かれ早かれ、ヨーロッパでこの戦争を生き延びるであろう唯一の大国民の助けを確保しようとするであろう――すなわち、ドイツ国民の助けを。

しかし私は厳粛に宣言する。世界のいかなる代償をうけようとも、いついかなるときであろうと、ドイツ人はアメリカ人あるいはロシア人の勢力争いのお遊びの中で、助っ人に利用されることはゆるされない、と。」（第一八章）

一九八九年一一月九日にはじまったベルリンの壁の崩壊・消滅につづいて起こった東西ドイツ再統一への動きは、大方の予想をはるかに超える速いテンポで進展した。翌年、すなわち一九九〇年七月一日、ドイツ再統一に関する東西ドイツ間の国家条約が発効して、まず経済的統合が発足、この日から現在の西ドイツの通貨（ドイチェ・マルク＝DM）のみが両独に共通の唯一の通貨として流通することになった。

しかしながら、いかにも耳ざわりのよい、分裂ドイツの「再統一」もしくは「統一」という表現に惑わされることなく、この表現の内容とその実体とを冷静に検討してみると、この「再統一」にはかなりの無理があることがわかるであろう。元来、ドイツ連邦共和国（西ドイツ）とドイツ民主共和国（東ドイツ）とは、それぞれ政治体制も経済体制もまったく異なった独立国家であって、かかるものとして一九七三年九月、同時に別々に国連に加盟して名実ともに「外国」同士となった。したがって、これら二つの「外国」のうちの片方の国（西ドイツ）が他方の国（東ドイツ）を、一方的に西ドイツの基本法（憲法）第二三条の規定にもとづいて「統一」しようとするのは、どう考えてもそのやり方がいささか強引であるとのそしりを免れることはできないであろう。

本来西ドイツの基本法第二三条は、州単位もしくはある特定の地方に包括される地域をドイツ（西ドイツ）に追加編入するための条項であって（たとえば「ザール地方」が住民投票の結果、ドイツへの帰属がきまって西ドイツに編入されたように）、東西両ドイツ国家の統一の場合のように、すでに国際的にもたがいに独立した主権国家として認められている国同士が統合するときには、この条項を適用することはできない。

西ドイツの政府・与党のこのやり方は本当の意味での「統一」ではなくて、事実上の吸収合併であり、対等の主権をもった独立国家に対して用いるべき手段ではない。一九三八年にヒトラーがオーストリアをドイツに統合するとき、すなわちいわゆる〝アンシュルス〟（独墺合併）のときに用いたのがこのやり方であった。このような、強引ともいえるような方法によって実現されたドイツの「再統一」はけっして真の統一とよぶにふさわしいものではない。その不自然な「統一」がかかえているさまざまなひずみは早晩、いろいろな形をとって統一ドイツや統一ヨーロッパのしこりとなって露呈してくるにちがいない。

しかし、いずれにしてもドイツの「統一」というアクト自体は一応つつがなく完了した。だが、その行く手にひかえている、遠い将来へとつづく道程はけっして平坦なものではない。ヨーロッパ共同体を構成するメンバーは、すべて「西側諸国」という名でよばれているが、しかしこれらの国ぐにの政治機構も社会構造もかならずしも一様ではない。むしろ、千差万別といった方がよいかもしれない。したがって、これらの国ぐにのあいだの利益関係もきわめて複雑である。

強大な統一ドイツのヨーロッパ共同体（EG＝EC）への加盟によってまず予想されることは、イギリス・フランス・ドイツのあいだでやがて展開されるであろう、はげしい主導権争いである。もともとイギリスは統一ドイツの出現を内心ではよろこんでいなかったし、したがってヨーロッパ共同体への統一ドイツの参加には賛成ではなかった。フランスとドイツが仲がわるいことは、歴史的・宿命的ともいうべきで、文豪ゲーテに『ファウスト』の中で「正真正銘のドイツ人にはフランス野郎なんか虫が好かねえ。だが、フランスのワインなら喜んでいただくぜ」と言わせている。

これらの、いわば犬猿の間柄にも似た三国のあいだでヨーロッパ統合の主導権をめぐって、あるいは表面にあらわれた政治行動の上で、あるいは水面下で、いかなる熾烈な争いがはじまるか、その成り行き如何によっては、ヨーロッパの命運を左右するような結果になるかもしれない。

ドイツの再統一が、西ドイツによる東ドイツの吸収合併というやり方、つまりヒトラーの「独墺合併」方式によって行なわれた以上、その結果生まれた統一ドイツが実質的には西ドイツの領土拡張にすぎなかったことは当然かもしれない。

それにしても、統一ドイツのNATO（北大西洋条約機構）への参加には、はじめ断固として反対しているかに思われたソ連が結局、いくつかの条件つきではあるがこの参加に同意したことは、まことに意外というほかはない。「世界のいかなる代償をうけようとも、いついかなるときであろうと、ドイツ人はアメリカ人あるいはロシア人の勢力争いのお遊びの中で、助っ人に利用されることはゆるされない」というヒトラーの『遺言』にそむいて、統一ドイツは「アメリカ人の助っ人」になることを決心したのである。

しかしながら、「潜在的な敵」であったソ連に対抗するためにつくられたはずのNATOは、そのソ連が「潜在的な友人」に変わったいまでも、しかもNATOに対抗する組織であったワルシャワ条約機構がすでに解体し、事実上機能していない現在でも、依然として存在している――なぜであろうか。

なるほど、核戦争――第三次大戦――が起こる可能性は、冷戦時代とくらべてずっと少なくなったように思われる。しかし、たとえその確率がわずか一パーセントでも、それは、核戦争が絶対に起こらないという保証にはならない。いわんや、現在、世界中には米ソ両国だけでも地球を何回も破壊するに足るだけの核兵器を保有しているにおいてをや、である。

まもなく二一世紀を迎えようというのに、世界情勢はまだ完全に安定しているとはいえない。一見安定しているように思われるのは、相対的にそう見えるにすぎない。世界中のあちこちで、依然として戦争の火種がくすぶっている。この火種は、ただちに世界的な戦争にむすびつくものではないとしても、思いがけないときに、思いがけないところの火薬庫に飛び火して大爆発を起こさないともかぎらない。その火薬庫はアジアにもあるし、ヨーロッパにもある。

ベルトルト・ブレヒトは、東西ドイツの同胞のためにつぎのような言葉を残している――

大カルタゴ国は三たび戦争をした。
一回目の戦争の後も、カルタゴはまだ強大であった。
二回目の戦争の後にも、カルタゴはまだ国としての態をなしていた。
三回目の戦争の後には、もうカルタゴは無かった。

（一九九〇年四月記す）

＊　＊　＊

訳者（篠原）が「解説」の中で引用もしくは参考にした主な資料は、つぎのとおりである——
○一九八一年にハンブルクのクナウス社から初めて出版されたドイツ語版（『遺言』の原本）に載った同社の「緒言」
○同書に掲載されたヒュー・R・トレーバー＝ローパーの「エッセー（解説）」
○同書に掲出されたドイツ国防軍総司令部発表の戦況に関するニュース
○マックス・ドマールス編著『ヒトラー。一九三二年から一九四五年までの演説と宣言。同時代の一ドイツ人による解説』（一九七三年刊）
○ヘンリー・ピッカー著『総統大本営におけるヒトラーのテーブル談話——ヒトラーの実像』（一九七七年刊）

○ウェルナー・マーザー著『アドルフ・ヒトラー——伝記』（一九七八年刊）
○ピーター・ヤング編、加登川幸太郎・千早正隆共訳『第二次大戦事典、㈠日誌・年表』（一九八四年、原書房刊）
○石川準十郎著『ヒトラー「マイン・カンプ」研究』（一九四三年、国際日本協会刊）
○篠原正瑛著『ドイツにヒトラーがいたとき』（一九八四年、誠文堂新光社刊）
○このほか、フランソワ・ジュヌー氏からは篠原の「解説」の内容について、その正・誤に関するいくつかの貴重な示唆をいただいた。

訳者あとがき

アドルフ・ヒトラーは一八八九年四月二〇日、オーストリアのイン河畔にある人口五〇〇〇人の小さな町、ブラウナウで生まれた。一昨年一九八九年はヒトラー生誕一〇〇年を迎えた、世界史的にみてきわめて意味ぶかい年であった。ブラウナウは、もとはドイツのバイエルンに属していたが、一七九九年にオーストリア領となった。そして、それから更に一三九年後の一九三八年には、ヒトラーの手でいわゆる「アンシュルス」（独墺合併）が断行されて、総統の故郷の町、ブラウナウをふくむ全オーストリアは、ふたたび祖国ドイツの懐にいだかれることになった。

しかし、一九四五年、第三ライヒが崩壊してヒトラーが自殺すると、オーストリアはまたもやドイツから分離して、独立国としての道を歩むことになった。少年時代からの大きな念願であった「アンシュルス」をみごとに成し遂げながら、「オストマルク」（ドイツに合併された後のオーストリアは「オストマルク」とよばれた）の将来を見定めることなく死んだヒトラー自身の運命にも似て、オーストリアの運命もまた数奇なものであったといえるかもしれない。

このオーストリアという国には奇妙な政治的風土があって、〝本国〟のドイツが強大になると、国民のあいだに反独的な傾向が強まり、反対にドイツが弱体となると、国民のあいだに親独的な空気が強くなるといわれる。私は第三ライヒの時代にドイツに留学していて、夏休みを利用して「オストマルク」に数週間滞在したことがあるが、ウィーンの街でも、農村や山村でも、親独的よりもむしろ反独的といった方がよいような雰囲気を感じたことが多かったと思う。

ブラウナウの町は、いまはオーストリア領だが、ドイツからは簡単に行けるらしい。私は一九八五年の夏、ニュルンベルクに三カ月ほど滞在していたが、ニュルンベルクからブラウナウまで汽車で三時間ほどで行けたのに、そして時間的余裕もたっぷりあったのに、残念ながらとうとう行きそびれてしまった。今でも、思い出すたびに惜しいことをしたという気がしてならない。

ブラウナウにあるヒトラーの生家は、いまでも――ずいぶん古くなってはいるが――健在で、だれか人が住んでいるそうである。たまに見学がてらに現地を訪れる旅行者はあるらしいが、さすがに大きな声で「ヒトラーが生まれた家というのはどれですか」などと近くの村人ならぬ町の人に聞いたりするような無作法者はいないらしい。町の人もその点は心得たもので、キョロキョロとあたりを見回しているような他所者を見かけると、さり気なく目くばせして目指す家を教えてくれるそうである。

ニュルンベルクに三カ月滞在しているあいだ私がしたことといえば、古書店あさりと、ヒトラーが遺したナチ党大会の巨大な廃墟の跡の検証である。党大会の施設の大部分は、未完成のまま朽ち果ててしまったり、アメリカ占領軍によって爆破されたりして、満足な形で残っているものはほとんどない。ただ一つだけ、外装の部分だけはほとんど完成していて、巨大な円筒形のビルのような外観を見せている「ノイエ・コングレス・ハレ」（新会議場）というのがある。これは、六万人を収容できる屋内集会場で、大理石をふんだんに使ったその古典的なデザインは、古代ギリシャの同種の建造物を彷彿とさせる。ニュルンベルクでヒトラーが残した巨大なモニュメントの中で、ほとんど無傷の状態を保っているのは、この建物だけである。このほか、未完成だが幅五〇メートル、長さ二〇〇〇メートルの道路に厚さ一〇センチの花崗岩を敷きつめた軍事パレード場。それから、工事を始めたばかりで戦争のため中断されてしまったが、四〇万六〇〇〇人の観客を収容できる大競技場など、どれを見ても、そのスケールの巨大さに度肝をぬかれるものばかりである。

ある日のこと、私はニュルンベルク旧市内の古書店をあさっていて、『ヒトラーの政治的遺言』（Hitlers Politisches Testament）という本を見つけた。一九八一年にドイツで初めて公開されたヒトラー最後のモノローグの原本である。日本に帰ってから国会図書館などで調べたところ、英訳本、仏語訳本から重訳されたものは出ているが、ドイツ語の原本から直接日本語に訳されたものはまだない。

私はヒトラー生誕一〇〇年を私なりに回想して、この、世界史的にきわめて大きな価値を持っている『遺言』を、直接ドイツ語の原本から最大限、正確な日本語に訳してみようと思い立った。もともと原本は分量があまり多くないので、その点ではそれほど骨の折れる仕事ではなかった。

骨が折れたのは出版社さがしであった。内容がヒトラーものであるせいであろうが、なかなかスムースには出版の話しがまとまらなかった。そのためにとうとう一年あまりの時間を空費してしまった。そして、何回も難航の末、ついに一社、快よく刊行を引き受けてくれる出版社たどりついた。それがこの原書房である。もっとも、原書房への道もけっして平坦なものではなかった。実は原書房は私にとって事実上、未知の出版社であったが、私の友人で『週刊ポスト』の編集部の仕事をしている唐沢大和氏が、親切にもこれまでのいきさつを踏まえて、原書房の編集部にいる同氏の友人、長岡正博氏と交渉し、長岡氏と私とが『遺言』の出版について直接話し合えるまでの段取りをつくって下さったのであった。

もしも、唐沢・長岡両氏のあたたかい理解と協力がなかったならば、この『遺言』は、あるいは永久に陽の目を見ることなく終わったかもしれない。私は両氏に対して深い感謝の意を表明するとともに、この場をかりて改めてあつくお礼を申しあげたい。

*　*　*

本訳書には、『遺言』の原本の所持者で、その一切の版権の保有者でもあるフランソワ・ジュヌー氏の手になる「緒言」（一九五九年）および「日本語版のための補遺」（一九八八年）が収録されている。前者は、一九五九年にはじめて刊行された『遺言』の仏訳本と英訳本のために書かれたものであるが、後者はこの日本語版のために新しく執筆されたものである。ともにジュヌー氏自身のつよい希望があったので収録することにした。

なお、後者すなわち「日本語版のための補遺」については、その内容にいささか懸念を表明する向きも一部にはあったが、その内容はあくまでもジュヌー氏自身の単なる個人的意見にすぎない。ジュヌー氏自身は、べつに彼のその個人的意見を『遺言』の読者におしつけようとしているわけではない。したがって、「補遺」に盛られたジュヌー氏の意見の内容に懸念すべき点があるからという理由だけで、その意見そのものの発表をさしひかえるというのは、私は言論の自由の原則と相容れないと判断したので、あえて収録することにした。

ところで、ジュヌー氏の「緒言」（一九五九年）と「日本語版のための補遺」（一九八八年）は、ともにフランス語で書かれているため、フランス語のできない私の手には負えなかった。そこで、フランス語の達者な友人に頼んで下訳を作ってもらい、この下訳を私が〝自己流〟の文章に書きなおして本訳書全体の文体上の統一を保つようにした。読者のご諒恕をお願いしたい。

最後に、『遺言』の大部分の章の終わりに収録されている「ドイツ軍国防軍総司令部発表の戦況に関するニュース」（上段）および日本を中心とした、世界各地における戦況（下段）は、いずれも『遺言』そのものとは直接関係はないが、イタリアの降服後、あとに残った両同盟国、ドイツと日本の戦線と本土とがどうなっていたかを読者、特に若い世代に属する読者に多少でも知っていただきたいと思って、あえて掲出することにした。その点で、いくらかでも読者のお役に立つとすれば、さいわいである。

一九九〇年、立春の日

訳　者

本訳書の底本には Adolf Hitler, Martin Bormann, *Hitlers Politisches Testament: Die Bormann-Diktate vom Februar und April 1945*（一九八一年刊）を用いた。

マルティン・ボルマン（Martin Bormann）
1900年、ドイツ中部地方のヴェーゲレーベン出身。1927年ナチ党入党。ナチ党官房長ほか多くの要職に就く。ヒトラーからの信頼が特に篤い側近・個人秘書であり、ヒトラーはボルマンをナチ党担当大臣（ナチ党党首）に指名した。1945年5月2日以降行方が分からず、ニュルンベルク軍事裁判で欠席裁判のまま死刑判決を受ける。後年、5月2日に死亡していたことが判明（異説あり）。

篠原正瑛（しのはら・せいえい）
哲学者。1912年東京生まれ。1939年、上智大学文学部哲学科を卒業後、ドイツに留学。1945年4月、ソ連軍から逃れる途中で英米連合軍に捕らえられ、集団収容所に送られる。スイスで病気療養の後、1949年帰国。専門は近代ドイツ思想史、特にナチ思想史の研究。2001年没。主著に『敗戦の彼岸にあるもの』『僕らはごめんだ――東西ドイツの青年からの手紙』『現代ドイツ』『ドイツにヒトラーがいたとき』ほか。

ヒトラーの遺言《ゆいごん》
1945年《ねん》2月《がつ》4日《か》―4月《がつ》2日《か》

●

2011年6月16日　第1刷

記録者………マルティン・ボルマン
訳者・解説者………篠原正瑛《しのはらせいえい》
発行者………成瀬雅人
発行所………株式会社原書房
〒160-0022　東京都新宿区新宿1-25-13
電話・代表03(3354)0685
http://www.harashobo.co.jp
振替・00150-6-151594

装幀………佐々木正見
本文印刷………文唱堂印刷株式会社
カバー等印刷………株式会社平河工業社
製本………東京美術紙工協業組合

ISBN978-4-562-04707-9, Printed in Japan
本書は1991年小社刊『ヒトラーの遺言』（記録者：マルティン・ボアマン）の新装版である。